Das Buch

Ist Frieden, dieser zentrale Begriff der Christenheit und Schlüsselwort der biblischen Weihnachtsgeschichte, in unserer hochgerüsteten, katastrophendunklen Welt noch zu verwirklichen oder »sind wir dabei, die Weihnachtsgeschichte in tagtäglicher Praxis zu widerrufen«? Das ist die Frage, die Walter Jens sich und seinen neunzehn Mitautoren stellt. Die Antworten, die sie in diesem Band geben, sind ebenso verschiedenartig wie die Antwortenden: Heinrich Albertz und Kurt Scharf, Ingeborg Drewitz und Günter Kunert, Iring Fetscher und Dorothee Sölle, Norbert Greinacher und Hartmut von Hentig – um nur einige herauszugreifen – äußern sich mal theologisch, mal literarisch, mal unterkühlt sachlich, mal betroffen. Aber alle Antworten sind weit entfernt von der frommen Patina und falschen Idyllik, mit der die Weihnachtsbotschaft so leicht verdeckt wird. Es entsteht ein Buch, das betroffen macht: eine Anti-Idylle, die dem »Appell zum Frieden« in der Weihnachtsgeschichte eine fordernde Aktualität gibt.

Der Herausgeber

Walter Jens, am 8. März 1923 in Hamburg geboren, studierte Klassische Philologie und Germanistik in Hamburg und Freiburg. Als Roman- und Hörspielautor, als Wissenschaftler und Essayist, Literatur- und Fernsehkritiker spielt er eine wichtige Rolle im geistigen und kulturellen Leben der Bundesrepublik. Jens war von 1962 bis 1988 Professor für Allgemeine Rhetorik in Tübingen und von 1976 bis 1982 Präsident des bundesdeutschen PEN-Zentrums, dessen Ehrenpräsident er heute ist. Seine wissenschaftlichen und literarischen Veröffentlichungen sind ebenso zahlreich wie die Auszeichnungen und Ehrungen, die er dafür erhielt.

Frieden
Die Weihnachtsgeschichte in unserer Zeit

Herausgegeben von Walter Jens

Deutscher
Taschenbuch
Verlag

dtv

Von den Autoren dieses Bandes
sind im Deutschen Taschenbuch Verlag erschienen:
Walter Jens: Feldzüge eines Republikaners (10847)
Günter Kunert: Warnung vor Spiegeln (10033); Verspätete Monologe (10224); Die Beerdigung findet in aller Stille statt (10262); Diesseits des Erinnerns (10438); Zurück ins Paradies (10701)
Dorothee Sölle: Atheistisch an Gott glauben (10213); Ich will auf tausend Messern gehen (10651); Und ist noch nicht erschienen, was wir sein werden (10835)

Ungekürzte Ausgabe
November 1989
Deutscher Taschenbuch Verlag GmbH & Co. KG, München

ISBN 3-7831-0644-3
Umschlaggestaltung: Celestino Piatti unter Verwendung des Holzschnitts »Für Martin Luther King« von HAP Grieshaber (Archiv für Kunst und Geschichte, Berlin)
Gesamtherstellung: C. H. Beck'sche Buchdruckerei, Nördlingen
Printed in Germany · ISBN 3-423-11153-4
1 2 3 4 5 6 · 94 93 92 91 90 89

Inhalt

Lukas 2,1–14
Die Weihnachtsgeschichte

1 In jenen Tagen befahl Kaiser Augustus
allen Einwohnern des Reichs,
sich in Steuerlisten eintragen zu lassen.
2 Es war die erste Volkszählung;
sie wurde durchgeführt,
als Quirinius Statthalter in Syrien war –
3 und alle brachen auf,
um sich eintragen zu lassen:
jeder ging in seine Heimatstadt.
4 Auch Joseph zog von Galiläa,
aus der Stadt Nazareth,
nach Judäa hinauf,
in die Stadt Davids, die Betlehem heißt;
denn er stammte aus Davids Haus
5 und wollte sich eintragen lassen:
zusammen mit Maria,
die seine Braut war
und ein Kind erwartete.
6 Als sie in Betlehem waren,
kam für sie die Zeit der Niederkunft,
7 und sie gebar ihren ersten Sohn,
wickelte ihn in Windeln
und legte ihn in eine Krippe im Stall.
Denn im Haus war keine Bleibe für sie.
8 In ihrer Nähe aber waren in dieser Nacht
Hirten auf dem Feld
und hielten Wache bei ihren Herden:
9 Da stand auf einmal
ein Engel des Herrn neben ihnen,
und die Hirten ängstigten sich sehr.

10 Aber der Engel sagte zu ihnen:
»Habt keine Furcht!
Seht, ich verkündige euch,
daß eine große Freude
bald das ganze Volk ergreifen wird;
11 denn heute wurde euch
in der Stadt Davids
der Retter geboren:
euer Herr, der Messias.
12 Und dies ist das Zeichen für euch:
Ihr werdet ein Kind finden,
das in Windeln gewickelt
in einer Krippe liegt.«
13 Plötzlich standen neben dem Engel
die Scharen des himmlischen Heers;
sie priesen Gott und riefen:
14 »In den Himmeln: Gottes Macht!
Licht! Und Herrlichkeit!
Auf der Erde: Gottes Frieden!
Frieden allen, die er liebt!«

Übersetzt von Walter Jens

Walter Jens
Einleitung

»In jenen Tagen befahl Kaiser Augustus allen Einwohnern des Reichs, sich in Steuerlisten eintragen zu lassen.« Nüchterner kann keine Geschichte beginnen. Namen werden genannt, Landschaften und Städte aufgeführt, von Verwaltungsvorgängen und Verwandtschaftsverhältnissen ist die Rede, Alltagsvorgänge gewinnen Anschaulichkeit. Eine unverheiratete Frau erwartet ein Kind; ein Säugling wird gewickelt; Wohnungsnot herrscht; Hirten sind auf dem Feld. Die Sprache ist sachlich: *Steuerliste, Volkszählung, Niederkunft, Windel, Krippe, Herde* – nichts fällt aus dem Rahmen, kein Wort zeigt Besonderheit an. Auf der einen Seite die Behörden, angefangen beim Kaiser des Römischen Reichs, auf der anderen Seite die kleinen Leute, die sich auf den Weg machen, irgendwo Unterkunft suchen oder die Nacht, weil's der Beruf nun einmal so will, im Freien verbringen. Das alles ist eher Aktenaufzeichnung und Chronik als fromme Legende: Wer Stimmung und Andacht, Weihnachtsseligkeit und winterlich-zarte Valeurs sucht, die sich aufs Adjektiv »innig« reimen, kommt bei Lukas nicht auf seine Kosten – und bei Luther auch nicht. Der Reformator wußte schon, warum er das Wort »schätzen« mit Hilfe der Erklärung »schetzen ist hie das ein jglicher hat müssen ein Ort des gülden geben von jglichem Heubt« paraphrasierte.

Eine nüchterne, eine bescheidene, eine andeutungsreiche Geschichte: Kein Wort, das über das »Was« hinaus zum »Wie« und »Warum« führt; keine Analyse der Gedanken des Vaters oder der Mutter; kein erklärender Satz zu einem Vorgang, der in aller Befremdlichkeit stehen gelassen wird. Eine Braut, die niederkommt und später noch andere Kinder haben wird: Das schreibt Lukas hin, als ginge es um die selbstverständlichste Sache der Welt ... selbstverständlich wie die Tatsache, daß man in einem Atemzug von Registrierung und himmlischem Wunder, vom fernen großen Augustus und von der schäbigen Höhle in einem orientalischen Provinzdorf sprechen kann. Hier »Kaiser« und »Statthalter«, dort »Krippe« und »Herde«: alles ist auf einer und derselben Ebene angesiedelt.

Und dann, plötzlich, die Gegenbewegung: Himmel und Licht, planetarische Fanale, Aufbietung sämtlicher Wunder, große Worte und entzückte Rede: *Gott, Retter, Messias, Freude* und *Herrlichkeit* ... alles mit der Absicht aufgeboten, die *andere* Welt sichtbar zu machen, das Liebesreich Gottes statt des Imperium Romanum, in dem gerechnet und gezählt und Geld eingetrieben wird. Da tritt der neue, durch Freude und Furchtlosigkeit bestimmte Aeon, den das Kind in der Krippe verbürgt, an die Stelle der alten, durch Namen wie Augustus und Quirinius bestimmten Zeit; da wird die Friedens-Herrschaft des himmlischen Gegen-Kaisers angekündigt, – vorgetragen in begeisterter Rede, die unversehens ins Verhalten-Leise übergeht, anfangs an der Grenze von Majestät und Idyllik, danach, nach der Blickwendung vom Himmel zur Erde, im Genrehaft-Angedeuteten bleibend: Nachdem die Ersten, die Angehörigen der Heiligen Familie, am Ziel sind, machen sich die Zweiten, ihnen wortwörtlich Nächsten, die Plebejer, auf den Weg – Vorboten jener Kranken und Armen, Erniedrigten und Beleidigten, mit denen Jesus von Nazareth es zu tun haben wird. »Da machte sich auf«, »und sie brachen auf«: die Wanderung des Königs-Nachfahrn Joseph und die Wanderung der kleinen Leute, der Hirten vom Feld, korrespondieren miteinander – die reiche große Welt bleibt außen vor, wo der David-Stern leuchtet und die Armen sich auf den Weg machen.

Also doch ein geheimes Märchen und doch eine »Weihnachtsgeschichte«, dieser vom Nüchternen ins Hochpathetische ausschwingende und sich am Ende zum Behutsam-Indirekten wendende Bericht, wo »erzählt« und »gesagt« und »gehört« wird und eine Frau »die Worte im Herzen behält«? Nein, kein Märchen: Wer das meint, vergißt den Kindermord, vergißt die Nacht von Golgatha, auf die die Nacht von Bethlehem verweist, vergißt den Kreuzestod und den Ruf vom Galgen herab: »Warum, mein Gott, hast Du mich verlassen?«

Kein Märchen, und dennoch alles andere als eine vom Ende her verdüsterte Moritat: Die Geburt ist auf die Wiedergeburt, die Nacht auf die Überwindung des Dunkels, die vielfach bedrohte Gegen-Zeit auf den Frieden zugeordnet!

Frieden als Inbegriff eines gottgesegneten Daseins; Frieden als höchstes, der Herrlichkeit unter den Himmeln entsprechendes Erden-Gut; Frieden als Schlüsselwort eines Berichts, der deutlich macht, daß es nichts Wichtigeres gibt als Frieden zu stiften. Beati pacifici, wohl denen, die Frieden stiften: Die Seligpreisung der Bergpredigt führt, mit dem Blick auf den Menschen, aus, was, von Gott aus betrachtet, in der lukanischen

Erzählung vom neuen Zeitalter, das im Zeichen des Kindes beginnt, andeutend vorweggesagt wird – und eben davon handeln die Beiträge in diesem Band. Aber die handeln auch davon, daß wir dabei sind, den Friedens-Appell Gottes in den Wind zu schlagen – und die Frage wird gestellt, warum wir, dem Elend in der Dritten Welt befördernden Rüstungstaumel verfallen, uns immer noch Christen zu nennen wagen und nicht bemerken, daß sich mit jedem Kind, das in der Sahel-Zone, in Indien oder Lateinamerika vor Hunger stirbt, ein Stück des Evangeliums, so wie es Lukas aufgezeichnet hat, zurückgenommen sieht.

»Frieden allen, die er liebt«: Für den, der die Diskrepanz zwischen göttlichem Friedens-Appell und »christlicher« Friedenszerstörung bedenkt (Bomben statt Brot: Unter diesem Zeichen gibt es keine Hoffnung für das Kind im Stall), läßt sich der Segens-Spruch auch als Gerichts-Spruch verstehen.

Sind wir also dabei – oder versuchen es doch –, die Weihnachtsgeschichte in tagtäglicher Praxis zu widerrufen: Gegenspieler, nicht Parteigänger der Hirten? Das ist die Kardinal-Frage, die auf den folgenden Seiten zur Beantwortung ansteht – in den Auslegungen einer Friedens-Verheißung, die sich in ihrer herzbewegenden Schlichtheit ebenso ergreifend wie herausfordernd liest: Zuversicht, verbürgende Chronik und unabweisbarer Appell: *Schaut euch um. Vergleicht die Verheißung von Bethlehem mit der Wirklichkeit unserer Tage. Seid pacifici. Laßt, für euch, das Kind nicht sterben.*

Hartmut von Hentig
Ein Brief

Lieber Walter Jens,

ich haben Ihnen zugesagt, meine Überlegungen zur Weihnachtsgeschichte aufzuzeichnen. Diese Zusage fiel mir nicht schwer. Der erste Satz meiner Aufzeichnung stand fest, war längst geschrieben, bevor Sie anfragten: »An dieser Geschichte hat es für mich nie einen Zweifel gegeben; wenn irgendeine Geschichte wahr ist, dann diese – diese und die von Golgatha.« Ich wollte solche Gewißheit einmal laut vor mich hinsagen, als Protest gegen die wuchernde Trübsal, den nüchternen Kleinmut, die begründete Hoffnungslosigkeit, die streitbare Gereiztheit, in die nicht nur mein Leben abgleitet. Die wahren Hoffnungen liegen nicht in der Zukunft, sondern in der Vergangenheit – so wollte ich bekennen: im Kinderglauben, der kein bloßer »Glaube«, sondern Stoff und Sprache der Erfahrung ist. Die notwendende Botschaft hat uns erreicht, bevor wir über sie nachdenken können.

Ich weiß, keiner kann Jahrzehnte danach genau sagen, welchen Anteil die vierzehn Verse des Lukas-Evangeliums (und etliche aus dem Evangelium des Matthäus dazu) an der Erfahrung »Weihnachten« gehabt haben. Der »moderne« und nachdenkliche Pädagoge in mir hat freilich auch kein Bedürfnis, die archaisierenden Stimmungen, in die die eigene bürgerliche Familie zwischen Advent und Neujahr eintauchte, davon zu trennen: Winterkälte und häusliche Geborgenheit, Dunkelheit und Kerzenlicht, geheimnisvolle Vorbereitungen und wissen, daß sie liebevoll sind, seltene und doch wohlbekannte Gerüche – das alles steht in glücklicher Übereinstimmung mit der einfachen Erzählung davon, wie das Heil in unsere, in meine Welt kommt, und was es uns bringt. Luthers Sprache, der unverrückliche Wortlaut, vertraute Unverständlichkeit je an ihrem Ort, die unauswechselbare Bestimmtheit des »Es begab sich aber zu der Zeit, daß ein Gebot von dem Kaiser Augustus ausging, daß alle Welt geschätzet würde« – das alles gab jener Übereinstimmung Autorität und half den Eltern bei dem, was sie zu Weihnachten mit uns Kindern wohl unbewußt und doch nachdrücklich vollzogen. Hätten sie es benennen müssen, sie hätten in ihrer Bildungssprache vielleicht gesagt: sinnliche Transzendenz, und sie hätten damit die feierliche Verankerung ihrer alltäglichen Bemühungen gemeint – des Dankgebets vor und nach der Mahlzeit, des Schutzgebets vor dem Einschlafen, der Entlastung der Seele von Kummer und Schuld, des Lobs für Wohltat, der Erhellung unserer Vorstellung durch Vorbild, Güte, Ermutigung.

Ich erinnere mich an kein »erstes Mal«; das Bild vom Stall zu Bethlehem war immer schon da, gleichsam vom Evangelisten für die Maler und Holzschnitzer entworfen und von ihnen in vielfältiger Eintracht untereinander und mit meiner Phantasie ausgetragen. Widerspruch, der sich gegen allzu wohlgenährte, strahlende, selbstbewußte Christusknaben und üppig gewandete Madonnen regte, war Zeichen, daß ich das Gemeinte verstanden hatte: die Verheißung von Friede und Freude im Unscheinbaren, im Schwachen, in der Armut. So *wollte* ich es instinktiv.

In Südamerika sah ich als Zehnjähriger die indianische Version des Stalls: eine Lehmhütte, Maria mit einem langen Zopf und Josef in der Ruana. Sie lösten die gleiche Seelenregung aus. Warum, wodurch, mit welchem Recht? – genau, daß ich dies nicht fragen und beantworten mußte, machte und macht die Wahrheit der Geschichte aus: Theologie der Seele, die durch Bilder zu uns spricht.

Zu ergründen und zu schildern, wie diese Wahrheit in meine Seele gelangt ist und sich in ihr eingenistet hat, wäre eine schwierige und würdige Aufgabe. »Auf Bestellung« kann man das nicht; das Ergebnis wäre selber nicht wahr. Wahr sind einstweilen die Schwierigkeiten:

- die Schwierigkeit, die der Philologe mit dem Text hat und die Sie mit Ihrer neuen Übersetzung neu beleben;
- die Schwierigkeit, die der Lehrer hat, der die eigene am Text gemachte Erfahrung nicht wie eine Staffette weitergeben kann: in der Schule ist es dafür schon zu spät; er kann dort Vorstellungen wecken, hat es alsbald mit Gedanken zu tun und muß hoffen, daß diese die Gefühle nicht aufzehren, die mit den Vorstellungen aufgekommen sind;
- die Schwierigkeiten, die der Bürger hat, der die abgründig friedlose Welt sieht und *weiß,* daß die Weihnachtsbotschaft ihm nicht hilft, der Welt zu helfen ...

Jede der drei Schwierigkeiten wäre wert, ausgetragen und ausgeschrieben zu werden. Jede betrifft zugleich die beiden anderen. Jede verlangt eine andere Art von Gründlichkeit und eine andere Sprache.

Ich gebe es darum auf, den versprochenen »Beitrag« zu schreiben – ich schreibe statt dessen diesen Brief, den Sie abdrucken oder abheften mögen, wie Sie wollen. Ich schreibe Ihnen, weil ich meiner eigenen Unruhe nicht ausweichen darf. Seinen Sinn hat der Brief für mich erfüllt, wenn ich der Unruhe standhalte, in die mich die Wahrnehmung versetzt: daß die Gewißheit der Kindheit unbezweifelt neben den Zweifeln meiner Gegenwart fortbesteht. Was für Wesen sind wir!

Zur ersten Schwierigkeit:

Ich spreche hier nicht von dem Unbehagen, das der Wandel der gewohnten Sprache für das gewohnte Verständnis bringt. Durch Ihre Übersetzung ist überdies vieles vereinfacht, veranschaulicht, uns nähergebracht worden. Ich spreche vielmehr von Deutungsmöglichkeiten, die Sie erst aufgedeckt haben.

Ihr Vers 10 läßt den Engel nicht dem Hirtenvolk eine große Freude verkündigen – eine Freude, die bald allen Menschen zuteil werde (Objekt plus attributiver Relativsatz); der Engel prophezeit vielmehr, daß dem ganzen Volk eine große Freude bevorstehe – und dies mag dann auch die Hirten erfreuen (prädikativer Relativsatz).

Ihr Vers 14 hebt die Zweiteilung der Preisung kräftig hervor; die übliche Ergänzung »sei« weicht einer Aussage; an die Stelle einer Verheißung tritt eine Art Gebiets- oder Zustandsteilung: Droben ist Gottes Macht, sein Licht, seine Herrlichkeit (wie Sie das Wort doxa auseinanderlegen) – drunten wiederum *sein* Frieden, der ein Frieden des Herzens ist, wie wir wissen, ja, wie Sie nun nahelegen, ein Frieden in den Herzen einiger: derer, die Gott liebt.

Wissen die Philologen, warum Luther sich an die Vulgata gehalten und sie gelesen hat, als stünde hinter pax ein Komma und bonae voluntates statt bonae voluntatis? Die Folgen sind ungeheuerlich: statt eines die Gewährung des Friedens einschränkenden Relativsatzes eine Zusicherung von Gottes Wohlwollen an alle Menschen!

Daß Cyrenius zu Quirinius geworden ist, braucht niemanden zu beunruhigen. Eher, daß der Engel »Engel« bleibt und die Heerscharen gar zum »Heer« werden. Wer oder was diese sind, hätte mir vermutlich schon mein Religionslehrer sagen können. Ich habe ihn nicht gefragt – ich habe nie etwas mit den Engeln anfangen können. Wohl mit dem angelos, dem Boten. Daß Gott solche hat, daß ihm jeder Mensch dazu dienen kann, ließ sich hinnehmen und hätte genügt. Wenn der angelos freilich nicht mehr nur vermeldet, daß und wo der Messias geboren und zu finden ist und daß Menschen nun auf Frieden hoffen dürfen, sondern ihnen einen neuen Zustand der Welt zeigt, muß – indem man angelos nicht übersetzt, sondern verdeutscht – ein neues Wesen erfunden werden, das vermag, was von uns keiner mehr erfährt: leibhaftige Offenbarung.

Zur zweiten Schwierigkeit:

Wie gibt man die übriggebliebene Gewißheit dieser Geschichte an heutige Kinder weiter? Genügt es, sie ihnen in der Schule vorzutragen? Wenn ich sie mit Zwölfjährigen im Lateinunterricht übersetze, merke ich, wie wenig bekannt sie ist. Wie können sie, die zwölfmal in ihrem Leben versäumt haben, die Geschichte zu »erfahren«, mehr empfangen als einen auslegungsbedürftigen oder banalen oder märchenhaften Text?

An einer Internatsschule, in der ich tätig war, wurde jahraus, jahrein das Oberuferer Weihnachtsspiel aufgeführt. Es stammt aus Mähren, wo es etwa im 13. Jahrhundert entstanden sein mag – eine Abfolge von höchst anschaulichen und zugleich liturgisch gebauten Szenen.

Die Oberuferer haben eine tragoedia hominis gedichtet: Sie beginnt mit dem Paradeis-Spiel, es folgt das Christgeburts- und Hirtenspiel, und es endet mit dem Dreikönigs- und Herodes-Spiel. Sie gehören zusammen, denn es geht um den sündigen, gefallenen, erlösungsbedürftigen Menschen, und wie er auf das Heil, das zu ihm kommt, antwortet.

Was die Oberuferer aufführten, war nicht die »Wiedergabe« der rührenden Geschichte von Christi Geburt mit Ochs und Esel, Königen und Engeln zu trauten Melodien und allerlei bäurischer Vergegenwärtigung, sondern war die Deutung der Ereignisse für sie selbst und ihrer selbst an diesen Ereignissen. Und wenn wir genau hinsehen, so haben sie auch uns gedeutet: Wir sind es, die dort in den verschiedenen Rollen auftreten, als guter und als böser Wirt, als Hirten, die ihre einfache Gabe bringen und gläubig und ohne zu fragen wissen, daß das, was sie suchen, hier im Stall zu finden ist, daß dieses Kind sie von Unglück und Jammer erlösen wird; wir sind jene Weisen aus dem Morgenland mit ihrem Streit um den Vortritt, Leute, die die Sterne »konsamanieren« und bei aller Gelehrtheit nicht begreifen, was das Zeichen sagen will, die aber kommen und das Knie beugen und die Reichtümer der Welt darbringen; wir sind vor allem Herodes, und wir sind seine Kriegsknechte.

Der Mensch bedarf der Erlösung, das hat das Paradeisspiel gezeigt; als sie ihm zuteil wird, bei ihm anklopft, um eingelassen zu werden, hat er sich schon eingerichtet in seiner Welt (»Ich, als ein Wirt von meiner Gestalt/Hab in mein Herberg und Haus Gewalt«); wir jagen die göttliche Verheißung, die uns zuliebe im menschlichsten Gewand kommt, in Nacht und Kälte hinaus. Dort geschieht die Wahrheit als offenbares Mysterium, schutzlos, einfach, humanissime. Wie Herodes später von Kaiphas erfährt, wird der neue König »Keine Gewalt habn/Zu Tode verurteilt für einen Spott gehabt werdn«. »Besser wär's, so man ihm behend fürkäm/Und in der Jugend ihm das Leben nähm«, ist des Herodes angstvoll schlaue Auskunft. Herodes, das ist die Gegenwelt zu den Ereignissen in diesem Stall. Er macht aus dem ganzen eine Tragödie – unsere Tragödie. An ihm haben es die Kinder in jener Schule erfahren können: Wir sind Herodes; wir wissen auf einmal genau, was es heißt, ein »unrechtmäßiger König« zu sein und den Anspruch des wahren Herrschers zu fürchten; wir wissen, was es heißt, aus Angst um sein Regiment alle Kinder zu morden, die »zweijährig und darunter sein«. Im Angesicht des Heils macht sich der Mensch heillos. Er mordet die Kinder und schlägt den Christus ans Kreuz. In der verlassensten Stunde des Herodes wird es offenbar (»Kommt denn und tröst mich niemand heut/Es seind gleich Geister oder Leut?«), in der Qual des Gewissens (»... um eins ist mir nur bang/Daß ich soll soviel Kindlein erstechen lan«), in der Vergewaltigung unserer eigensten Regungen (»Pack dich, du närrisch Weib ...«) und in der tragischen Ironie (»Weißt nicht, was es gibt für Angelegenheit;/Genommen wird mir mein Regiment ...«); wir erfahren, daß alles umsonst war:

> »Euer Königliche Majestät, merkt auf vonstunden: den neugeborenen König haben wir nicht gefunden.«

Und dann will der Mensch umkehren: »Will selber schaun, wo ich ihn find ...« Aber dann ist es zu spät: das Siegel jeder Tragödie. – Man wende nicht ein, daß Kinder diese Dinge nicht verstünden. Die metaphysische Kraft des Menschen hängt nicht von der Zahl der Jahre ab, und die Erfahrung von Schuld hat ein jeder längst gemacht, bevor er diese Rolle lernt.

Als Herodes vom Teufel geholt wird, verrät ihn sogar sein eigener Hauptmann, der doch seinen Befehl einst »mit Freuden angehört« und ihm so sorgfältig über die gemordeten Kinder abgerechnet hatte: »eintausend vierhundertvierzig und acht«. Und der nun sagt:

»Aber ich will mich an meinem Herrn König rächen
Und mich mit diesem Schwert erstechen.«

Welch ein Wort! Das Unrecht an den Kindern wird um das an den Getreuen verdoppelt, die die Verantwortung dafür als Vorwurf zurückgeben.

Herodes verschwindet in den Höllenschlund. Was das ist, weiß wohl heute keiner mehr. Aber man ahnt daran, was Weihnachten bedeutet – jenseits des Friedens aus Familieninnigkeit, Tannenbaum und Schokolade. Wo die Hoffnung ausbleibt, wo Verdammnis eintritt, wie bei Herodes, wird der andere Friede sichtbar.

Die Hoffnung, daß die Weihnachtsgeschichte allein – wenn ich sie nicht von klein auf und in der richtigen Umgebung gehört habe – ihre Wahrheit sagt, habe ich nicht. Ich brauche die Hilfe der dramatisierten und ritualisierten Heilsgeschichte; ich brauche das Weihnachtsoratorium und seine irdisch-überirdische Musik; ich brauche am Ende Theologie. – Und was dann?

Zur dritten Schwierigkeit:

Diese letzte und größte beginnt freilich erst hier: Wenn die Welt ungeheure Anstrengungen macht, den Frieden durch Rüstung zu sichern, wenn darüber das Elend der Armen, die Angst der Reichen, die Hilflosigkeit und Ungeduld der homines bonae voluntatis immer größer werden, wenn der gewaltlose Widerstand gegen vergewaltigende Systeme von diesen gewaltlos umgangen wird und wenn Friede der Seele nur durch Abkehr von den großen politischen, sozialen und ökonomischen Nöten zu haben ist – was hat uns die Weihnachtsbotschaft dann noch zu sagen? Der Kindermord (welcher auch immer!) muß in unserer Zeit nicht, wie einst, in böser Absicht geschehen. Dem Herodes kann man in den Mörder-Arm fallen! Heute geschehen die schlimmsten Dinge »automatisch« – während wir nichtbegreifend oder ohnmächtig oder gleichgültig oder phantasielos zusehen. Wir müssen harte Politik und uns die Hände schmutzig machen, wenn die Menschheit auch nur überleben soll. Oder zu Heiligen werden.

Also keine Weihnachtsbotschaft mehr? Doch – aber nicht sie allein. Ohne den Opfertod von Golgatha und ohne das dazwischen gelebte streitbare, aber gewaltlose Leben Christi bleibt die Geschichte von Bethlehem ein erbauliches Ammenmärchen. Sie beschwichtigt.

Oder anders ausgedrückt: Die Wahrheit der Weihnachtsgeschichte, ihre Forderung wird ernster. Sie darf nicht mehr bloß eine Metapher sein – dafür, daß das Heil *wie* ein nacktes Kind ist. Es *ist* das nackte Kind. Nur wenn wir uns ihm zuwenden – ohne Vorbehalt, ohne Schonung des eigenen Reichtums, der gewordenen und gewohnten Ordnungen, der weltlichen Klugheit –, könnten wir stark genug sein, die Menschheit vor sich selbst zu retten.

Ich gestehe, mir gelingt diese radikale Zuwendung nicht. Wieviel Kellen Suppe muß man täglich austeilen, um die Abgründe von Hunger zuzuschütten? Woraus schöpft man? Wie begegnet man dem *Übel,* das hinter der *Not* liegt und diese täglich neu gebiert? – Wieviel hilfreicher wäre es gewesen, der angelos hätte zur gleichen Geschichte verkündet:

»Der Friede ist bei Gott. Die Menschen, die er liebt, haben so viel Macht und Licht, wie er ihnen gibt. Herrlichkeit ist weder für ihn noch für uns – aber Menschlichkeit: eine karge Herberge, ein Lager auf Stroh, die Gaben der Hirten und der Weisen. Mehr wird es nicht sein. Wer nach mehr trachtet, muß sich fürchten.«

Vielleicht gingen wir mit dieser kleinen Hoffnung besser um als mit der großen, die wir verfälscht, verpredigt, verkitscht, vergeudet haben, weil wir sie uns nicht erfüllen können und Gott dies nicht tut.

Es grüßt Sie Ihr
Hartmut von Hentig

Heinrich Albertz
Eine Geschichte – einfach und streng

Ja, ich kann meine Erfahrungen mit dieser herrlichen und zugleich unsäglichen Geschichte schon mitzuteilen versuchen.

Zuerst: Ich habe sie als Kind auswendig lernen müssen. Unter dem brennenden Weihnachtsbaum war sie aufzusagen mit allen schwierigen Worten: »Quirinius – schwanger«. Der Gabentisch war noch mit einem Tuche zugedeckt. Ich blieb oft stecken, weil ich versuchte herauszubekommen, was unter der Decke lag. Ich mußte die ganze Geschichte aufsagen bis zur Rückkehr der Hirten zu ihren Herden. Ich war ein Einzelkind. Meine Kinder hatten es besser. Es waren drei, so hatte jedes nur ein Drittel der Mühe.

Aber es war schon gut, den Text gleichsam mit der Muttermilch aufzunehmen. Er hielt nun ein Leben lang. Er gehört für mich zu den sieben oder acht Abschnitten der Bibel, die gewissermaßen abrufbar sind, unverlierbar, unvergeßlich, unbeirrbar. Das ist sehr merkwürdig. Diese einfache Geschichte. Dieser zur Legende gestempelte Versuch, das Unbeschreibliche zu beschreiben. Dieser Traum vom Frieden, dem völligen, unteilbaren Frieden.

Ich habe wohl zwei Dutzend Mal über den Text zu predigen versucht. Dabei kann man gar nicht ernsthaft »über ihn« predigen. Meine einfache Bauerngemeinde in Oberschlesien hat das wohl geahnt. Sie ließ am Heiligen Abend ihren Pastor nur die Geschichte vorlesen, langsam und auch in drei Abschnitten, kein Wort darüber hinaus; natürlich auch, weil die Kirche kalt und dunkel war und das Vieh auf die Fütterung wartete.

Man kann die Geschichte nur nacherzählen – oder man kann über die eine oder andere Gestalt, über diese oder jene Szene nachdenken und sie in die Welt stellen, in der wir leben! Wer noch von Augustus und Quirinius redet? Was sie wohl in dieser Nacht geträumt haben mögen? Von den Eltern kann man reden, von den Hirten, von den Tieren. Von den Engeln schon gar nicht mehr. Nur von dem, was sie sangen.

Ja, und von dem Kinde. Von dem Kinde immerzu. Daß Gott ein Kind wurde und ein Kind Gottes Sohn. Und was dies wohl mit unsern Kindern und Enkeln zu tun haben könnte, die wir nun mit immer schrecklicheren Waffen dem Untergang weihen. Und was und wer aus dem Kind wurde, welcher Mensch, welcher einmalige Mensch, und wie er starb. Und wer ihn umbrachte – und warum.

Man hat also ein Leben lang zu tun, um über die Geschichte nachzudenken. Sie wechselt ihre Farben und ihr Gesicht und bleibt doch immer die gleiche. Das letzte Mal mit seiner Mutter sie zu hören, das erste Mal mit seiner Frau, das erste Mal mit einem eigenen lebenden Kind, das erste Mal im Krieg. Und dann 1945, als alles vorüber war und ich mit Hunderten von Flüchtlingen in einer fremden Kirche, in einer fremden Stadt die Geschichte hörte, dieselbe Geschichte wie zu Hause, das es nun nicht mehr gab. Sentimentalitäten? Nun, warum nicht?

Dabei ist es ja eine unglaubliche, eine strenge Geschichte. Nicht der Kaiser, sondern dies Kind. Kein königlicher Palast, sondern der Stall. Nicht die Würdenträger des Landes, sondern die Hirten. Nicht die Macht der Menschen, sondern Gottes Macht. Nicht Gewalt, sondern Friede. Nichts Riesiges, sondern ein Winzling – mein Herr und mein Gott.

Die Welt wird auf den Kopf gestellt. Alle Maße werden verändert, radikal verändert. Du brauchst nur zu rühren an diese Geschichte, und du berührst den starken Strom der Freiheit der Kinder Gottes. Nichts von Idylle. Genaugenommen Revolution.

Und das mit diesen Bildern: Maria mit dem Kinde, die erschrockenen Männer auf dem Felde, das Blöken der Schafe – und ein ferner Kaiser, der schläft und nicht weiß, daß dieses Kind sein Kaiserreich zerbrechen wird.

Und Licht, viel Licht, unbeschreibliches Licht.

Das sind meine Erfahrungen mit dieser Geschichte. Ich möchte sie mir vorlesen lassen, wenn ich sterbe, sie und den Bericht von Jesu Tod.

Günter Kunert
Ein Gegenbild

»... und sie gebar ihren ersten Sohn, wickelte ihn in Windeln und legte ihn in eine Krippe im Stall.« Doch noch ehe die Hirten erschienen aber regte das Kind sich nicht mehr.

Und die Verkündigung?

Aus der Verzweiflung über den Tod des Neugeborenen entstand bald Zweifel, ob da überhaupt so etwas wie eine Zusage, etwas wie eine göttliche Absicht vorgelegen und nicht alles Einbildung gewesen sei. Wer war man schon, um die Voraussetzung für die undurchschaubaren Pläne übermenschlicher Mächte zu bieten?

Und während der Zimmermann und seine Frau den kleinen Leichnam hinter dem Stall begruben, trösteten sie sich damit, daß ihnen wer weiß was erspart geblieben sei. In den schlimmen Zeiten nach dem gescheiterten Aufstand, nach dem verlorenen Krieg gegen die Besatzungsmacht war die Zukunft ohnehin unsicher und düster genug. Wer jetzt zu einem großen Schicksal ausersehen schien, war von vornherein zum Tode verurteilt. Vielleicht hatten die Römer recht, wenn sie sagten: »Pulvis et umbra sumus.« Staub und Schatten sind wir.

So verließen sie Bethlehem und zogen nach Nazareth zurück, gemächlich und eher beruhigt, daß sich keines der Versprechen erfüllt hatte und sie, kleine Leute, nicht gezwungen waren, sich gegen den Lauf der Welt stellen zu müssen. Dann sollte lieber alles so weitergehen wie bisher, wie eh und je, und man selber existierte besser als kurzfristig belebter Staub und Schatten dahin.

Schließlich blieb einem das Heil, kein Heil mehr zu erwarten.

Fulbert Steffensky
Zweifel – und Zweifel am Zweifel

»In jenen Tagen befahl Kaiser Augustus allen Einwohnern des Reichs, sich in Steuerlisten eintragen zu lassen. Es war die erste Volkszählung; sie wurde durchgeführt, als Quirinius Statthalter in Syrien war.«

Zeitangaben sind für die kleinen Leute nicht nur historische Einordnungen. Sie sagen nicht: Es war im Jahre 1929 oder 1842. Sie sagen: Es war damals, als ich arbeitslos war. Es war in dem Winter, als unser Kind starb. Es war in dem Sommer, als unsere Ernte kaputtging. Ihre Geschichte ist die Erinnerung ihrer Tränen. »Als Quirinius Statthalter in Syrien war ...« Das heißt: als die Leute berechenbar und erfaßbar wurden; als Listen von ihnen angelegt wurden, damit man sie besser aussaugen könnte. So ist der Ausgangspunkt der Weihnachtsgeschichte die Gewalt, die Entrechtung und die Demütigung, die den kleinen Leuten angetan wurde. Die Zeit, die hier zitiert wird, ist die Zeit der armen Leute: die Zeit einer beschwerlichen Reise; die Zeit einer schwangeren Frau, die nicht weiß, wo sie gebären soll und wieviel Überlebenschancen ihr Kind hat; die Zeit der Hirten, die schlechter dran waren als die erbärmlichsten Tagelöhner.

»Da stand auf einmal ein Engel des Herrn neben ihnen, und die Hirten ängstigten sich sehr.« Das ist die Reaktion der armen Leute auf einen Boten: Sie erschrecken und fürchten sich. Sie sind es gewohnt, daß Botschaften Unglücksbotschaften sind. Nur im Märchen und im Traum kommen die guten Nachrichten. Und als sie merken, daß der Engel dieses Mal kein Unglücksbote ist, was werden sie erwartet haben? Wohl kaum die Vergebung ihrer Sünden. Kaum auch die Befreiung von den Römern und die Errichtung eines unabhängigen jüdischen Staates. Sie waren Proletarier. Und gute Proletarier sind meistens schlechte Patrioten. Sie werden eher an ihren Hunger gedacht haben als an den jüdischen Staat; an das Sterben ihrer Kinder; an die schlecht bezahlte Arbeit; an die Gewalt, die sie erleiden.

Die Nachricht, die die Hirten bekommen, klingt gut: Eine große Freude soll bald das ganze Volk ergreifen. Der Retter ist in der Stadt Davids geboren, der Herr, der Messias. Das können sie sich vorstellen. Denn sie spüren ihr Elend und wissen, wie notwendig Trost, Heilung und Rettung sind. Die Nachricht kommt zur rechten Zeit, und das Elend hatte schon zu lange seine Zeit.

Schlüpfen wir für einen Augenblick aus dieser Geschichte und betrachten wir ihr Ergebnis mit unseren Augen! Was wurde denn für die Hirten anders mit dieser Nachricht und mit der Geburt des Retters? Was ist neu? Und wenn danach nichts anders wurde und nichts Neues kam, inwiefern war die Nachricht des Engels eine gute Nachricht? Wurde der Hunger weniger, die Versklavung aufgehoben? Sind die Kinder nicht mehr an Unterernährung gestorben? Oder ist es etwa so gewesen, daß der Retter die Welt nicht gerettet, sondern sie nur als gerettet erklärt hat? Eine verbalistische Lösung des Hungers der Hirten? Deklaration statt Brot?

Mein Zweifel an der Nachricht an die Hirten hat gute Nahrung. Die Tränen sind nicht abgewischt, und der Tod dringt weiter durch alle Ritzen. Ich habe Zweifel daran, daß irgend etwas anders und schlechter gewesen wäre, wenn die Nachricht ausgeblieben wäre und die Versprechungen nicht gemacht worden wären. Und töten Versprechungen, die nicht eingelöst werden, nicht schlimmer als Versprechungen, die nie gemacht werden? Tötet die Bedeutungslosigkeit und die Folgenlosigkeit der guten Botschaft von der bald ausbrechenden Freude die Hoffnung nicht erst recht?

Der Bedeutungslosigkeit der Nachricht scheint die Bedeutungslosigkeit des Zeichens zu entsprechen, das den Hirten gegeben wird: »Ihr werdet ein Kind finden, das in Windeln gewickelt in einer Krippe liegt.« Einmal hat Gott das Volk durch das Meer geführt, er hat es in der Wüste am Leben erhalten. Das waren Zeichen, und das war Errettung! Aber das neue Zeichen? Die Ohnmacht eines bedrohten Kindes ohne Platz zum Leben: in einer Krippe! Die Hirten verstehen diese Wirklichkeit schon. Es ist ja ihre eigene, und mehr Aussichten als dieses haben ihre Kinder auch nicht. Aber ist das ein Zeichen für die Rettung und die große ausbrechende Freude?

Die folgenlose Nachricht und das bedeutungslose Zeichen! Ist es nicht an der Zeit, aufzuhören damit, das Versprechen der Engel weiterzuerzählen? Sollen wir nicht anfangen, die Welt und das Leben zu nehmen, wie sie sind, statt sie zu interpretieren, wie wir sie brauchen und wünschen? Müssen wir lernen, das Verlorene verloren zu nennen, die Toten tot, die Lahmen lahm und die Blinden blind?

Und dennoch: Kann man in einer Welt leben, in der keine Versprechungen mehr gemacht werden? Kann man in einer Welt leben, in der nicht nur die Würde des Menschen geschändet wird, sondern auch die Sprache für die Würde des Menschen aufgegeben ist? Dort, wo geschwiegen wird, ist der Verzweiflung und dem Tod eine neue Schneise geschlagen. Ich weiß nicht, ob ich Christ bin. Aber ich weiß, daß ich nicht auskomme ohne den von der Realität tausendfach widerlegten Satz: »Auf der Erde: Gottes Frieden! Frieden allen, die er liebt!« Ich habe Angst vor einem ungespaltenen Bewußtsein. Vor einem Bewußtsein, das ungespalten unter Vernachlässigung der Realität die gekommene Rettung behauptet; und vor einem Bewußtsein, das ungespalten unter der Vernachlässigung der Versprechen die Nacktheit der Realität behauptet. Wenn man weiter leben will, so scheint mir, ist die Frage des Glaubens an die Versprechungen gar nicht mehr eine Frage des Willens und unseres Entschlusses – sowenig für einen Verdurstenden die Frage des Trinkens eine Frage seines Willens ist. Es ist eine Frage des Überlebens. »Auf der Erde: Gottes Frieden! Frieden allen, die er liebt!« Ich brauche den in diesem Satz ausgesprochenen Hohn auf die kriegerische und tödliche Realität. Auch wenn ich an den Satz nicht glaube, ich muß ihn sprechen. Mit weniger komme ich nicht aus. Man hat die Wahl: entweder die Gegenwart weiter zu formulieren, als sie selber ist; Rettung zu behaupten, wo nur Totengebein wahrnehmbar ist; Frieden zu behaupten, wo die Welt vor Waffen starrt – oder aber das zu tun, was Isaak Singer eine Figur in einem seiner Bücher (›Feinde. Die Geschichte einer Liebe‹) sagen läßt: »Diejenigen, die den Mut nicht haben, ihrer Existenz ein Ende zu setzen, haben nur noch einen Ausweg: ihr Bewußtsein abzutöten, ihr Gedächtnis lahmzulegen, die letzte Spur von Hoffnung auszulöschen.«

Kehren wir zu unserer Weihnachtsgeschichte zurück! Es geschehen in ihr zwei Wunder. Das erste ist, daß Gott weiß, wohin er gehört; daß Gott seine Leute findet: die Hirten, die Armen, die Rechtlosen. Nachdem diese Geschichte erzählt ist, kann er nicht mehr in Palästen und Residenzen gesucht werden. Er hat sich endgültig von den starken Bataillonen verabschiedet. Retter ist sein Name. Das heißt, er ist da, wo er gebraucht wird. Er ist bei den Geschröpften.

Das zweite Wunder erzählt der letzte Teil der Weihnachtsgeschichte: Die stumm gemachten Hirten sprechen. Es kommt

Bewegung in sie. Sie wollen sehen und finden. Sie gehen hin. Und nachdem sie das Kind gefunden haben, »machten sie das Wort kund«, und sie preisen und loben Gott. Die Armen stehen auf – das ist das Wunder. Daß einer keinen Lebensmut mehr hat und daß alle Hoffnung gestorben ist, sehen wir daran, daß er nicht mehr aufstehen will. Er will nur da liegen, sich nicht bewegen, nicht stehen, nicht gehen, nicht sehen und nicht mehr fühlen. Es ist wie eine vorweggenommene Totenstarre. Und hier? Es kommt Bewegung in die Szene: »Laßt uns nach Bethlehem gehen. Laßt uns die Sache sehen, die geschehen ist ... und sie gingen eilends.« Die noch nie etwas zu sagen hatten, fangen an zu reden. Sie machen das Wort kund. Sie preisen Gott, heißt es am Ende der Geschichte. Über ihre Lippen kommen nicht mehr nur Seufzer, und ihre Zunge ist nicht mehr nur dazu da, das Leben zu beklagen. Sie finden etwas, das zu preisen ist. Und jeder Preis des Lebens macht das Leben lebenswerter.

Die Tradition hat in vielen Bildern ausgemalt, wie die Hirten zur Krippe kommen; wie sie Wolle, Milch und Käse mitbringen. Die Armen nähren und wärmen ihren Retter. Der Sohn Gottes lebt von der Stärke und der Nähe der Armen. Gott wird gewärmt von den einfachen Leuten. Ein Tausch der Rollen – wer ist hier der Retter, und wer wird gerettet? Die Rettung ist gegenseitig und so annehmbar.

Eine Frage erhebt sich am Ende: Ist diese Geschichte für uns geschrieben? Oder wendet sich das, was für einen Teil der Menschheit Versprechen ist – für ihren geschändeten und ausgebeuteten Teil –, gegen uns, den satten und reichen Teil dieser Menschheit? Das Evangelium erzählt Geschichten, auf die sich eigentlich nicht alle einigen können. Es sind Geschichten, die für jemanden eintreten und die gleichzeitig jemanden anklagen. Das Evangelium preist die Armen, die Weinenden, die Gewalt Erleidenden selig. Es droht in einem Satz den Reichen, den Lachenden, den Gewalttätern. »Den Armen wird das Evangelium verkündet!« (Lukas 4,18). An diesem Satz kann nicht gedeutelt werden. Dieser konkrete Satz mit einem konkreten Adressaten kann nicht unter der Hand umgedeutet werden in einen allgemeinen Satz, jederzeit zu sagen und an alle gerichtet. Das Evangelium ist so wenig neutral, wie Armut und Reichtum neutral sind. Armut und Reichtum sind nicht eine Sache gegebener Natur. Reich ist man auf Kosten von anderen. Und Armut entsteht, wo einem Teil der Menschheit die Lebensmöglichkeit geraubt wird. Ich frage mich, ob es eine subtile Form des Imperialismus ist, daß wir uns als die Reichen und Satten die Sprache, die Geschichten und die Versprechungen der Armen aneignen. Aber was bleibt dann für uns? Leiden wir nicht auch? Sterben wir nicht auch? Ich habe in diesen Tagen einen Menschen unter Schmerzen sterben sehen. Bleibt er ausgeschlossen von den Versprechungen? Ich weiß es nicht. Das Evangelium ist hart, und Gott ist auch ein Gott des Gerichts. Gemeint sind zuerst die anderen: die mit ihrem realen Hunger; die mit ihren toten Kindern und ihren gefolterten Männern.

Ich glaube nicht, daß man diesen Widerspruch auflösen kann. Man muß mit ihm leben. Aber ich glaube auch, daß man niemanden von der Hoffnung ausschließen darf – auch sich selber nicht.

Walter Helmut Fritz
Noch bleibt fast alles zu tun

Komm näher, Frieden, komm,
es darf nicht weitergehen
wie bisher, hinterhältig
halten sie dich von uns fern.

Komm näher, Frieden, komm,
die Hirten sind noch immer auf dem Feld,
und der Engel des Herrn verkündigt
noch immer die große Freude.

Komm näher, Frieden, komm.
Die toten Flüsse wollen dem Licht
wieder antworten mit ihrer Klarheit,
Delphine und Seehunde ohne Furcht atmen.

Komm näher, Frieden, komm,
damit wir die Rüstungen ablegen können
und ein Ende haben Erstarrung,
Elend, Unterdrückung, Gewalt.

Komm näher, Frieden, komm
mit Manna für alle, die hungern,
und Wärme für unsere Worte,
die zu Eis wurden.

Komm näher, Frieden, komm,
damit uns die Kraft bleibt, uns täglich
gegen die Mutlosigkeit zu entscheiden,
die Ausdauer nicht zu verraten.

Komm näher, Frieden, komm
mit einem anderen Leben, ohne Würger.
Auch wir sind auf dem Weg,
dürfen nicht nur auf dich warten.

Komm näher, Frieden, komm,
als Sehnsucht nach dir

nehmen wir dich wahr
auf unseren Reisen durch die Bangigkeit.

Komm näher, Frieden, komm,
die Erde braucht dich für ihre neue
gerechte Gestalt, verheißene Herrlichkeit.
Noch bleibt fast alles zu tun.

NORBERT GREINACHER
Stille Nacht

Stille Nacht:

Die Gefangenen-Hilfe-Organisation »Amnesty International« weist darauf hin, daß in einhundertundsieben Ländern der Erde unbestrittene Rechte von Gefangenen verletzt werden. In dreizehn dieser Staaten sind die Rechtsverletzungen sehr gravierend. Menschen foltern auf grauenhafte Weise Menschen. Die Schreie der Gefolterten sind auch in dieser »Stillen Nacht« zu hören.

Heilige Nacht:

Im Jahre 1978 töteten sich in der Bundesrepublik Deutschland 13260 Menschen selbst. Die Beratenden der Telefonseelsorge berichten, daß die Anrufe im Zusammenhang mit dem Gedanken an Selbstmord zunehmen. Welche Konflikte, wieviel Leidensdruck, welche Nöte bedrängen diese Menschen, wenn sie Hand an sich legen? Wie viele Menschen werden sich in dieser »Heiligen Nacht« das Leben nehmen?

Alles schläft:

Wo schlafen die sogenannten »Nichtseßhaften« in dieser Nacht? Es gibt davon etwa dreihunderttausend in der Bundesrepublik Deutschland. Jeder vierte von ihnen ist jünger als fünfundzwanzig Jahre. Ob sie alle schlafen in dieser Nacht auf ihren Parkbänken, in den Kellern, in den Notunterkünften?

Rund achthunderttausend Familien und Haushalte leben gegenwärtig in der Bundesrepublik Deutschland in Baracken, Nissenhütten und sonstigen unzureichenden Unterkünften. Ob all diese Menschen gut schlafen in dieser Nacht?

Einsam wacht:

Einige Beratende der Telefonseelsorge wachen in dieser Nacht. Sie erhalten immer mehr sogenannte »Schweigeanrufe«. Was geht in diesen Menschen vor, die zwar anrufen, es dann aber nicht über sich bringen zu sprechen, sondern stumm und wach bleiben?

Nur das traute, hochheilige Paar:

Im Jahre 1978 wurden in der Bundesrepublik Deutschland 32462 Ehen rechtskräftig geschieden. Wie ist den Geschiedenen wohl zumute, die dieses Jahr Weihnachten zum ersten Mal allein ohne ihren bisherigen Partner, vielleicht ohne ihre eigenen Kinder feiern? Wie geht es den Familien, deren Mutter oder Vater im Gefängnis sitzt? Wie viele Frauen werden wohl heute nacht von ihrem betrunkenen Mann geschlagen?

Holder Knabe im lockigen Haar:

Dreißig Prozent der Kinder in Obdachlosenfamilien leiden an Gelbsucht, zehn Prozent an Anämie, achtzig Prozent von ihnen werden ein bis zwei Jahre von der Schule zurückgestellt, fünfzig bis sechzig Prozent werden auf Sonderschulen abgeschoben, nur zehn bis zwanzig Prozent erreichen das neunte Schuljahr. Dabei haben diese Kinder in der Regel wenigstens genug zu essen, im Gegensatz zu den Kindern in der Dritten Welt: zwanzig Prozent von ihnen sterben vor ihrem fünften Geburtstag; zweihundert Millionen von ihnen leiden an Unterernährung.

Schlaf in himmlischer Ruh:

Schätzungsweise fünf bis sechs Millionen Menschen leiden 1981 in der Bundesrepublik Deutschland an behandlungsbedürftigen psychischen Störungen. Für die fünfhundert- bis sechshunderttausend psychisch Kranken, die eine zeitweilige stationäre Behandlung benötigen, stehen in der Bundesrepublik nur etwa zweiundneunzigtausend Betten zur Verfügung. Da schlafe, wer schlafen kann! Ob sie gut schlafen heute nacht, jene zirka zehntausend Strafgefangenen in unseren Gefängnissen, jene gut eine Million Arbeitslosen und ihre Familien?

O du fröhliche, o du selige,
gnadenbringende Weihnachtszeit:

»Es ist kein Vergnügen, einen Leitartikel zu Weihnachten zu schreiben. Mit dem Lesen wird es ähnlich sein«, schrieb Karl Rahner vor etlichen Jahren. Es ist nicht leicht für einen Nichtchristen, aber auch nicht leichter für einen Christen. Von dem Christen erwartet man wenigstens einen Schimmer von Hoffnung, ein bißchen Freude, ein bißchen Mut, ein bißchen Seligkeit. Aber wie soll der Christ dies vermitteln, wenn er nicht die Augen verschließt vor der Wirklichkeit in der Bundesrepublik Deutschland und anderswo?

Welt ging verloren:

Auch der Christ wird sich ja nichts vormachen: Weihnachten hin – Weihnachten her, trotz der Weihnachtsgeschichte wird nach Weihnachten alles weitergehen wie bisher. Wir werden weitermachen wie bisher. Wir haben es ja auch herrlich weit gebracht: bis zum Mond und noch weiter. Auch im nächsten Jahr werden weit über eine Billion DM in die Rüstung gesteckt werden.

Und dennoch: So recht froh wird eigentlich niemand dabei. Vielleicht hat das »Kom(m)ödchen« doch recht mit seinem Song: »Und als er hatte, was der Mensch zum Leben nötig hat, ein schwarzgekacheltes Bad, eine Frau, eine infrarotgeheizte Terrasse ... und so viele deutsche Pfunde wog, daß sein Nacken aus dem Kragen quoll, da trat er, neugierhalber, an den Zaun und fragte seinen Nachbarn: Im Vertrauen, fühlen Sie sich auch so unbehaglich?«

Christ ist geboren:

Es gehört Mut dazu, zu glauben, daß »Gnade in den Abgründen« ist (Karl Rahner), nicht über den Abgründen, sondern in den Abgründen. Es ist verwegen, die Geburt des Judenkindes

Jesus, auf die Welt gekommen in einem Stall, als einen Hinweis dafür zu nehmen, daß Enttäuschung, Mißlingen, Schwermut, Ausweglosigkeit, Verzweiflung, Haß und Sinnlosigkeit nicht die letzte Wirklichkeit sind, sondern daß auch heute im Leben der Menschen, in unseren Abgründen, eine andere Wirklichkeit am Werke ist, von der das Neue Testament sagt, sie sei menschenfreundlich (Titusbrief 3,4).

Jesus von Nazareth, seine armselige Geburt im Stall, sein Leben, sein Verhalten, sein Wort und sein Sterben am Kreuze stehen dafür, daß Hoffnung mehr Berechtigung hat als Hoffnungslosigkeit, Sinn mehr als Sinnlosigkeit, Mut mehr als Mutlosigkeit, Vertrauen mehr als Mißtrauen, und zwar deshalb, weil er uns die Güte und Menschenfreundlichkeit Gottes bezeugte und diese in ihm uns nahegekommen sind. Leben und Sterben des Jesus machen dem Christen Mut, sein Menschenleben und das seiner Mitmenschen anzunehmen, weil er von der Voraussetzung ausgeht, daß eine Wirklichkeit, die seine eigenen Fähigkeiten und Möglichkeiten übersteigt, diesen Jesus von Nazareth angenommen und damit auch ein Ja zu seinem eigenen Leben und zu seiner eigenen Person gesagt hat. Der Christ geht von dieser Annahme – Glauben genannt – aus, obwohl es ihm auch weiterhin im letzten unverständlich bleibt, wie er Gott und Auschwitz, wie er die Menschenfreundlichkeit Gottes und die Leiden der Menschen miteinander in Verbindung bringen soll.

Freue dich, o Christenheit:

Der Christ wird sich mit dem Nichtchristen darüber freuen, daß Drogenabhängige einander helfen, die Wirklichkeit des Lebens auszuhalten; daß es Menschen gibt, die sich weigern, Nichtseßhafte und Strafentlassene aufzugeben, selbst dann, wenn alle Wahrscheinlichkeit eigentlich dafür spricht, sondern die ihnen helfen, ihre Schulden abzuzahlen, Arbeit und Wohnung zu finden; daß es Menschen gibt, die ihre Freizeit dafür hergeben, mit Menschen über ihre Probleme zu sprechen in der Anonymität eines Telefongesprächs oder sonstwie.

In der Tatsache, daß es Menschen gibt, die anderen helfen, Menschen zu sein und als Mensch zu leben und zu sterben, sieht der Christ die menschgewordene Liebe Gottes am Werke und freut sich darüber.

Wenn ein Mensch sich selbst annimmt, seine Unzulänglichkeit, sein Leben und sein Sterben – und wenn er seinen Mitmenschen annimmt – seine Bedingtheit und Begrenztheit, seine Not und seine Andersartigkeit –, dann gibt er damit eine Antwort auf die zuvorkommende Menschenfreundlichkeit Gottes. »Die Liebe ist aus Gott, und jeder, der liebt, stammt von Gott und er erkennt Gott« (1. Johannesbrief 4,7). Wenn es Menschen gibt, die trotz Schuld und Schmerz es noch einmal miteinander versuchen, die über allen Menschlichkeiten die Menschlichkeit nicht vergessen, dann sieht der Christ darin etwas von Gottes Frieden verwirklicht. Der Christ glaubt daran, daß überall dort, wo der Mensch angenommen wird, auch Gott angenommen wird, und daß die Menschwerdung des Sohnes Gottes nichts anderes bedeutet, als daß der Mensch sich von Gott angenommen weiß.

Luise Schottroff
Das Evangelium der Armen

Das Weihnachsevangelium geht in drei Schritten vor:

1. Es berichtet von der wirklichen Situation der Menschen, auf die die erste feierliche Verkündigung des Evangeliums der Armen traf.
2. Es berichtet, welchen Inhalt das Evangelium der Armen hat: Es ist Befreiungsbotschaft für die Armen.
3. Es berichtet, wie die Hirten – stellvertretend für alle Armen – das Evangelium der Armen weiterverkündigen.

Das Evangelium der Armen, diese Wendung beschreibt eine doppelte Beziehung zwischen den Armen und der frohen Botschaft: Sie ist Evangelium *für* die Armen und *durch* die Armen.

Wir lesen das Evangelium der Armen als Angehörige der Mittelschicht eines reichen Industrielandes. Wir sind zwar kaum alle reich in dem Sinne, daß wir andere Menschen für uns arbeiten lassen und durch ihre Arbeitskraft reicher werden. Wir sind aber alle reich in dem Sinne, daß wir zu einer der reichen Gesellschaften dieser Welt gehören, die ihren Reichtum, ihren Wohlstand, durch ungerechte Rohstoffpreise und durch Unterstützung von Diktaturen aufrechterhalten – und durch zahllose Tricks, über die Christen meist – ich schließe mich ein – viel zuwenig Bescheid wissen. Jedenfalls führt an der harten Feststellung nichts vorbei: Unser Reichtum basiert auf der Ausbeutung anderer Menschen, ganzer Völker. Auch unsere Kinder werden schon als schuldige Reiche geboren.

Das Evangelium der Armen ist auch frohe Botschaft für uns. Wir brauchen die frohe Botschaft, daß der Christus geboren ist, so nötig wie die Armen. Aber wir dürfen uns das Evangelium nicht erschleichen. Der bekannteste Erschleichungstrick unter reichen Christen ist der, daß man sagt: »reich« und »arm« im Evangelium sei nicht wörtlich gemeint. Doch zu den Erschleichungstricks komme ich noch einmal. Für uns Reiche bedeutet das Evangelium zweierlei: Wir müssen auf das Evangelium als auf das Evangelium *der Armen* hören lernen, und wir müssen umkehren – Buße tun – metanoein: einen neuen Weg gehen mit einem neuen Herzen und mit neuen Gedanken. Ich folge jetzt also dem Evangelium der Armen, Lukas 2,1–20, in seinen drei Schritten.

I. Gewalt und Hunger

»Es geschah in jenen Tagen, daß vom Kaiser Augustus ein Gesetz erlassen wurde, daß sein ganzes Weltimperium einer Personen- und Besitzstandregistrierung unterworfen werden sollte. Und diese Registrierung war die erste, die einen solchen Umfang hatte, und geschah, als Kyrenius Statthalter des Kaisers in Syrien war. Und alle reisten in ihre Heimatstadt, um sich registrieren zu lassen.«

Durch glückliche und geborgene Weihnachtsabende in meiner Familie bin ich fast taub geworden gegenüber diesem Text; ich habe lange nicht begriffen, welche ungeheuerliche Alptraumsituation in diesen Sätzen angesprochen wird: der Alptraum der Wirklichkeit damals. Zensus, also diese Personen- und Besitzstandregistrierung, wurde durch ein Heer von sogenannten »Steuerbeamten« – vielleicht sollten wir besser sagen: Folterknechten und Spitzeln – vorgenommen. Sie trieben die Bevölkerung zusammen und erfaßten grundbuchmäßig den Landbesitz, den Vieh- und Baumbestand und die Personenzahl, die Grundlage für eine massive Besteuerung. Dabei ging es absolut ungerecht zu: Um möglichst hohe Zahlen zu erreichen, zwang man Menschen durch Folter, zum Beispiel sich nicht vorhandenes Eigentum zuzuschreiben. Der Text setzt also damit ein, daß er die Wirklichkeit der Ausbeutungsapparate beim Namen nennt. Jeder, der damals diese Worte hörte, wußte, was gemeint war, war selbst Betroffener.

»Auch Joseph zog hinauf aus Galiläa, aus der Stadt Nazareth nach Judäa in die Stadt Davids, die Bethlehem heißt, weil er aus der Sippe und Heimatstadt Davids stammte, um sich mit Maria, seiner Verlobten, registrieren zu lassen; sie war schwanger.« Für die Ohren der Juden und Christen damals war mit diesen Sätzen der andere Ton da: Bethlehem, Davidsstadt und Davidssippe – damit war klar: Das Kind, das hier geboren wird, ist der Messias, denn der Messias sollte in Bethlehem geboren werden und Davidsnachkomme sein, so erzählte man sich. Messias: Je mehr das Judenvolk an seiner Unterdrückung und Verarmung litt, desto glühender hofften einige auf den Messias, Befreier Israels, Prophet Gottes, der die Besetzer und Folterknechte aus dem Land werfen sollte. Aber so glänzend fängt dieser Messias sein Leben gar nicht an. Er wird nicht als Sieger geboren und beginnt nicht eine Siegeslaufbahn, sondern er teilt das Leben des unterdrückten Volkes von seinem ersten bis zu seinem letzten Tage. Mit der Registrierung, dem Zensus, begann es, und mit der Kreuzigung hörte es auf. Die Römer benutzten die Kreuzigung als Todesstrafe für Menschen in den römischen Provinzen, die in Verdacht auf Widerstand gegen die römische Staatsmacht gerieten oder Widerstand geleistet hatten. Das Kreuz war im Römischen Reich blutiges Unterdrückungssymbol. Zensus und Kreuzigung – die beiden wirksamen Herrschaftsinstrumente der Römer, der damaligen Herren der Welt – umschließen sein Leben. Sein Lebensweg war von seinen äußeren Bedingungen her ein typischer Weg, ein Weg, den das *ganze* Volk ging, den *jedes* Volk damals ging, das die Römer unterworfen hatten: Opfer der Gewalt und des Hungers, denn die Römer holten sich aus den Provinzen alles heraus, was sie brauchten.

»Und als sie dort (in Bethlehem) waren, kam die Zeit, daß sie (Maria) gebären sollte. Und sie gebar ihren ersten Sohn, wickelte ihn in Windeln und legte ihn in eine Futterkrippe, denn in der Unterkunft war kein Platz mehr«, weil ja zum Zensus viele Menschen zum Weg in die Stadt gezwungen waren. Da lagen noch andere Babies in Futterkrippen oder mögen auch gleich unter freiem Himmel geboren worden sein. Das war weder besonders romantisch noch ungewöhnlich. Alltagsschicksal eines Menschen, dessen Haus sogar – oder Haus seiner Eltern – uns ohnehin wie eine winzige und primitive Steinbaracke vorkommen würde, in der wir nicht zwei Tage leben könnten. Man kann sich solche Häuser nach archäologischen Grabungen heute in Israel ansehen: in Kapernaum am See Genezareth.

II. Das Evangelium für die Armen

»Und es waren Hirten auf dem Feld, die im Freien übernachteten und Nachtwache bei ihrer Herde hielten.« Auch dies ist keine romantische Szene. Als Hirt verdingte sich nur, wer sonst keine Arbeit fand, denn Hirten wurden noch schlechter bezahlt als die sonstigen Tagelöhner in der Landwirtschaft.

»Und ein Engel des Herrn – ein Bote Gottes – trat zu ihnen, und die Herrlichkeit Gottes umstrahlte sie, und sie fürchteten sich sehr. Und der Engel sprach zu ihnen: Fürchtet euch nicht; siehe, ich bringe euch frohe Botschaft von einer großen Freude, die dem ganzen Volk gilt. Heute ist für euch der Befreier geboren, der Messias und Herr, in der Davidsstadt.«

Die Glanz- und Freudenworte in diesen Sätzen überstürzen sich: Es geht um die Befreiung des ganzen Volkes und der ganzen Schöpfung. Hier wird eine neue Regierung über die Welt eingeläutet. Diese Jubelworte waren den Menschen im Römischen Reich aus ihrem Alltag bekannt. Mit denselben Worten und auch mit göttlicher Verehrung ließen sich die römischen Kaiser feiern: »frohe Botschaft von einer großen Freude«, »Befreier«, »Herr« – so mußten die kaiserlichen Untertanen auf Befehl jubeln; viel Geld mußten manche Städte in den römischen Provinzen aufbringen, um den verordneten Kaiserjubel in Stein zu verewigen. Die Engelverkündigung singt dagegen an: Eine neue Regierung, eine Gegenregierung, das Ende des Kaisers. Jetzt, ab heute, ist der Befreier da, Gott tritt seine Königsherrschaft an. Schon das Wort Evangelium ist ein politisches Wort. Jedes Wort in diesen Sätzen ist politisch. Der Kaiser hat Verbreiter dieser Worte verhaften und verfolgen lassen, weil sie die Herrschaft des Kaisers, die staatliche Ordnung unterminierten, wenn sie sagten zum Beispiel, daß Jesus Messias und König sei (siehe nur Apostelgeschichte 17,7). Das Regierungsprogramm des neuen Königs über die Welt war das Evangelium für die Armen. Im Lukasevangelium wird ganz systematisch immer wieder dieses Evangelium feierlich in die Mitte gestellt. Mit dem Lobgesang Marias fängt es an: »Er hat Macht geübt mit seinem Arm. Er hat vertrieben, die im Bewußtsein und im Herz hochmütig sind. Er hat die Gewaltigen von den Thronen gejagt und die Niedrigen erhöht. Die Hungrigen hat er mit Gütern angefüllt, und die Reichen hat er leer weggeschickt« (Lukas 1,52f.). »Siehe ich verkündige euch große Freude«, »heute« beginnt die Befreiung des Volkes, sagt das Geburtsevangelium, Lukas 2, 10–14. Und dann tritt der erwachsene Jesus das erste Mal in die Öffentlichkeit. Er liest in der Synagoge in Nazareth aus dem Propheten Jesaja vor: »Der Geist des Herrn ruht auf mir, deswegen hat er mich gesalbt, den Armen die frohe Botschaft zu bringen; er hat mich gesandt, den Gefangenen die Befreiung zu verkündigen ...« (Lukas 4,18). »Heute ist diese Schrift erfüllt.« Jesus zieht durch Galiläa und Judäa. Er macht, daß die Blinden sehen, die Lahmen gehen, den Armen wird das Evangelium verkündet (Lukas 7,22). Und die Feldrede spricht dieses Evangelium in direkter Rede aus: »Selig ihr Armen, denn euch gehört die Königsherrschaft Gottes. Selig, die ihr jetzt hungert, denn ihr werdet satt werden ...« (Lukas 6,20f.). Die große Freude, die Befreiungsbotschaft des Geburtsevangeliums, die ist nichts anderes als die Seligpreisung der Armen.

Jesus trat inmitten der Armen Palästinas auf, er war einer von ihnen. Er lebte in einem Land, dessen Wirklichkeit auf jeder Seite unserer Evangelien deutlich sichtbar ist. Die Menschen hungern – nichts anderes sagt das biblische Wort »arm« –, sie leiden an den Krankheiten der Armen: Lepra, Infektionen der Augen, verkrüppelte Glieder. Kinder wachsen ohne Eltern auf, Mädchen sind gezwungen, als Dirnen ihr Brot zu suchen, Familienverhältnisse werden brüchig. Alles Elend des Volkes ist im Bild vom armen Lazarus zusammengefaßt, der krank und bettelnd vor der Türe des Reichen liegt, und die Hunde lecken seine Geschwüre. Dies alles – und noch vieles mehr – erzählen die neutestamentlichen Evangelien von der Wirklichkeit der Menschen. Außerchristliche Quellen bestätigen das Bild. Es ist eine massive Leugnung des Wortlauts unserer biblischen Texte, daß von Theologen – Bischöfe und Professoren gehen da oft vornean – behauptet wird, das biblische Wort »arm« habe keinen konkreten sozialen und ökonomischen Sinn. Es ist im Neuen Testament jedoch in Wirklichkeit und völlig eindeutig gleichbedeutend mit Kranksein und Hungerhaben. Seit Generationen versucht unsere Theologie, diese klare Tatsache zu verdrängen. Besonders beliebt ist die Auskunft, »Armut« im biblischen Sinn sei ein rein theologischer Begriff, der die Existenz des Menschen vor Gott bezeichne. Vor Gott seien wir Menschen arm, stünden vor ihm mit »leeren Händen«, angewiesen auf seine Gnade. Da wird aus einem konkreten Wort der Bibel eine Metapher, ein Wort im übertragenen, unkonkreten Sinn gemacht. Der Grund für diese theologische Umdeutung der biblischen Wahrheit ist Angst: Angst vor der Wahrheit des Evangeliums für die Armen. Man fürchtet, das Evangelium oder den eigenen Reichtum aufgeben zu müssen.

Doch zurück zu den Taten und der Botschaft des Jesus von Nazareth. Seine kranken und hungernden Brüder und Schwestern hat Jesus um sich gesammelt auch noch nach seinem Tode. In seinem Namen haben Propheten Gottes den Beginn der Königsherrschaft Gottes jetzt, heute, in dieser Welt, auf dieser Erde verkündet. Die Königsherrschaft Gottes fing da an, wo diese Botschaft die Menschen zusammenbrachte und wo die Blinden wieder sehen konnten.

Ich möchte jedoch zunächst den Text weiterlesen und nachher noch die Praxis Jesu und seiner Boten genauer beschreiben.

»Und das habt zum Zeichen: ihr werdet den Säugling in Windeln gewickelt finden und in einer Futterkrippe liegen. Und plötzlich stand bei dem Engel eine große Menge des Heeres der Himmel, die Gott lobten und sprachen:

Herrlichkeit ist in der Höhe bei Gott und der Friede auf der Erde (beginnt jetzt) bei den Menschen, an denen Gott Wohlgefallen hat.«

Auch der Messias der Armen hat eine Armee. Die Menschen, die sich diese Geschichte erzählt haben, die lebten in Wirklichkeit in Arbeitslosigkeit, Hunger und Krankheiten. Ihre Säuglinge lagen in schmutzigen Lappen, und die Säuglingssterblichkeit hatte die entsprechende Höhe. Und dann dieser Kontrast: Eine Himmelsarmee erscheint, ein riesiger Chor singt einen Hymnus, der von einem Ende der Erde bis zum anderen gilt. Die römische Armee und ihre Soldaten und die Brutalität, die täglich erlitten wird, und dem gegenüber dieser glänzende Traum von der singenden Himmelsarmee! Opium des Volkes? – Das ist eine ernstzunehmende Anfrage an den christlichen Glauben. Traum der Elenden, Vertröstung in einer trostlosen Welt? Es ist eine ernstzunehmende Anfrage an uns, sie ist sehr ernst, weil wir, wenn wir die Wirklichkeit gewahr werden, ja eigentlich nur flüchten können in unsere Träume. Ich will auch diesen Traum mitträumen. »Frieden auf Erden«, auf der ganzen Erde. Dieser Traum ist *dann* ein Akt christlichen Glaubens, *wenn* er die Träumer stark macht und nicht dumpf und passiv. Die Gebete und Träume und Lieder der Armen in der Nachfolge Jesu – wie dieser Hymnus hier – waren wirksame Träume der Gerechtigkeit. Wir wissen genau, wie der erhoffte Friede auf Erden aussieht: »Er stürzt die Gewaltigen vom Thron und erhöht die Niedrigen.« Die Gewaltigen hatten auch damals Namen und Adresse: Das waren der Kaiser in Rom, seine Statthalter in Syrien und Caesarea, seine Truppen in Jerusalem und seine Helfershelfer aus dem eigenen jüdischen Volk: viele Hohepriester und vor allem Sadduzäer. Die machten eine ganz konservative Theologie und unterstützten die römische Herrschaft und profitierten davon. Ihre Kinder waren satt, luxuriös gekleidet und hatten Privatlehrer, die ihnen die feine römische Lebensart beibrachten, damit sie dann auch eine entsprechende Karriere in

Verwaltung, Theologie oder Militär machen konnten. »Er stürzt die Gewaltigen vom Thron und erhöht die Niedrigen. Er füllt die Hungrigen mit Gütern.« Was für Hungerträume werden da geträumt: daß man im Reich Gottes am Tisch sitzen und sich satt essen kann und Wein dazu trinken, das große Festmahl der Armen im Reiche Gottes. Dieses Festmahl findet aber nicht in einem erträumten Himmel statt, sondern *auf Erden,* und nicht am Sankt-Nimmerleins-Tag, sondern in absehbarer Zukunft. Begonnen haben die Vorbereitungen schon; »heute« ist die Schrift erfüllt, der Messias ist da. Jesus und seine Anhänger haben das Festmahl der Gerechtigkeit schon in die Praxis umgesetzt, und von dieser Praxis berichtet der dritte Teil des Geburtsevangeliums:

III. Die Praxis Jesu und seiner Boten: Das Evangelium wird durch die Armen verkündet

»Und es geschah, als die Engel von ihnen fort in den Himmel gegangen waren, da redeten die Hirten miteinander: Laßt uns nach Bethlehem hineingehen und das Geschehen, das der Herr uns kund getan hat, ansehen. Und sie gingen ohne Zögern los und fanden Maria und Josef und das Kind in der Krippe.« Und nun kommt der wichtigste Satz dieses Abschnittes. »Und als sie (das Kind) gesehen hatten, verkündeten sie die Worte« – nämlich Gottes Regierungserklärung –, »die ihnen über dieses Kind gesagt worden waren. Und alle, die das hörten, begeisterten sich über die Worte, die die Hirten zu ihnen sprachen. Maria aber bewahrte alle diese Worte und bewegte sie in ihrem Herzen. Und die Hirten gingen zurück, indem sie immer noch weiter Gott lobten und verherrlichten wegen alles dessen, was sie gehört und gesehen hatten, ganz wie es ihnen angekündigt worden war.«

In unserem bürgerlichen Wohnzimmerchristentumsweihnachten hat man diesen letzten Schritt des Textes meist weggelassen. Dabei ist dieser Schritt unerläßlich; er zeigt, wie man den Traum in Praxis verwandelt. Hier wird stellvertretend für die Praxis Jesu und seiner Boten von dem Weg der Hirten und ihrer Verkündigung des Evangeliums berichtet. Ich nehme hier gleich andere Berichte aus den Evangelien hinzu, um diese Praxis so genau wie möglich zu beschreiben. Das Evangelium der Armen, Jesu Evangelium, richtete sich nicht an die Reichen und

Mächtigen, um sie um Hilfe zu bitten. Das Evangelium richtete sich an das Volk, an die Armen. »Zieht durch das ganze Land und geht, wenn ihr in ein Dorf oder in eine Stadt kommt, in ein beliebiges Haus« – so sagt Jesus in den Aussendungsreden für die Jünger (zum Beispiel Lukas 10,2–12). Und in diesem Haus redet ihr die Menschen an, so wie die Hirten die Menschen, die sie in Bethlehem gesehen haben, angeredet haben. Sie reden dann nicht mit ihrer kleinen, schwachen Stimme, sondern sie reden als Mund Gottes, als seine Propheten. Sie verkündigen Gottes Regierungsantritt in diesem Haus: »Friede – Schalom – diesem Hause.« »Die Königsherrschaft Gottes ist nahe herbeigekommen.« Vor dieser Botschaft kann man sich nicht verstekken, in die Unverbindlichkeit flüchten. Man konnte sie annehmen oder ablehnen, beides hatte unmittelbare Konsequenzen. Wenn der Friede Gottes abgelehnt wurde, dann war das Haus Ort des Gerichtes Gottes, des Unfriedens; fast magisch stellte man sich das vor. Wenn der Friede Gottes angenommen wurde, dann schloß sich das Haus den Boten Gottes an, dann wurde nur noch miteinander und solidarisch gehandelt.

Die erste Konsequenz war, daß man das Essen teilte. »Bleibt in dem Haus, eßt und trinkt, was sie haben. Der Arbeiter ist seines Lohnes wert. Geht nicht von einem Haus in ein anderes« (Lukas 10,7). Die Menschen waren arm. Ein zusätzlicher Esser war ein Problem. Da konnte man auf die Idee kommen, ins nächste Haus zu gehen. In der Nachfolge Jesu können die Menschen sehr genau Erfahrungen berichten, wie das Teilen vor sich geht. Das ist nicht Almosengeben und nicht Gastfreundschaft, sondern Teilen. »Wer zu essen hat, der gebe dem, der nichts zu essen hat; und wer zwei Kleider hat, der gebe dem, der keins hat.« Das Teilen der Armen, Teilen, wo nach unseren Vorstellungen gar nichts mehr zu teilen ist, das hat in der Nachfolge Jesu damals die Erfahrung gebracht, daß das geteilte Brot mehr ist, als vorher da war. Darum diese wunderbaren Geschichten von der Brotvermehrung. Und darum diese gemeinsamen Mahlzeiten. Daß die Armen in der Königsherrschaft Gottes am Tisch sitzen, essen, bis sie satt sind, das wurde hier schon praktiziert. Der arme Jesus und seine hungernden Nachfolger damals ziehen durchs Land und feiern festliche Mahlzeiten mit den Zöllnern und Sündern, den Dirnen, den Kindern, dem Volk der Dörfer und der Städte. Freudenfeste der Habenichtse, die die Solidarität erfahren hatten und die Macht der Liebe Gottes.

Diese Liebe Gottes blieb nicht in den Häusern, sie drängte

auf die Straßen und Plätze der Stadt. Besonders dahin, wo sich die Kranken und die Arbeitslosen hinzogen. So ging Jesus zum Beispiel in Jerusalem an den Teich Bethesda. Der war ein Asklepiosheiligtum, also Heiligtum eines antiken Heilungsgottes. Dort lagen die Kranken und warteten auf eine wunderbare Bewegung des Wassers, das wenigstens einem von ihnen Heilung bringen würde, dem, der es zuerst berührte. Jesus hat den Ärmsten unter diesen Kranken zuerst angesprochen. So fingen seine Wunder an. »Die Blinden sehen, die Lahmen gehen.« Jesus und seine Nachfolger konnten nicht Ärzte rufen, die hätten Honorar gewollt. Sie konnten selbst auch viel mehr erreichen, weil sie viel mehr wußten über die Krankheiten der Armen. Sie wußten, was es bedeutet, wenn die Gesunden die Krankheit der Kranken für Sünde erklären (Johannes 9,2). Sie wußten, was es bedeutet, wegen seiner Krankheit gemieden und verachtet zu werden wie die blutflüssige Frau. Sie wußten, was es bedeutet, arbeitslos auf dem Marktplatz zu stehen. Ihre Handauflegung ließ die ganze Macht der Liebe in die Kranken strömen: die Macht ihrer eigenen Liebe und die der Liebe Gottes. Deshalb sind diese Wunder nicht antike vorrationalistische Phantastereien, sondern wirkliche Ereignisse, deren Kraft wir uns vorstellen können und deren Wiederholung wir vielleicht schon erlebt haben, dann nämlich, wenn aus entmutigten, passiven und hoffnungslosen Menschen Gottesboten werden, die sich auf den Weg der Hirten machen.

Im Geburtsevangelium wird erzählt, daß die Hirten die Botschaft des Evangeliums in Bethlehem verkünden. Schon damals hat es angefangen, daß die Armen sich erzählten: Der Messias ist da, und daß sie miteinander begannen, den Frieden auf Erden in die Tat umzusetzen. Deshalb ist der dritte Schritt des Textes – in dem die Hirten nicht mehr nur die Empfänger der Botschaft sind, sondern sie nun weitertragen – so wichtig.

IV. Das Evangelium der Armen für uns: Die Umkehr der Reichen

In neutestamentlicher Zeit schon kam es zur Begegnung zwischen den Armen, die im Namen Jesu das Evangelium verkündeten, und reichen Menschen, die auch an diesem Evangelium Anteil haben wollten. In der Klarheit und Schlichtheit der

Evangelien werden von dieser Begegnung der Reichen mit dem Evangelium zwei Erfahrungen berichtet:
1. Der Reichtum ist der gefährlichste Feind des Menschen.
2. Reiche müssen sich völlig umkehren, wenn sie in der Nachfolge Jesu mitgehen wollen.

Der Mammon herrscht über den Menschen wie ein Gott, sagt ein Jesuswort. Oder: Wo dein Schatz ist, da ist dein Herz (Matthäus 6,21). Oder: Reichtum verführt und betrügt die Menschen und erstickt das Wort Gottes (Markus 4,19). Oder auch: Eher geht ein Kamel durchs Nadelöhr, ehe ein Reicher in die Königsherrschaft Gottes gelangt (Matthäus 19,24). Die Erfahrung, die hinter diesen Worten steht, ist in der Geschichte vom reichen Jüngling eingefangen: Es gibt gutwillige Reiche, die begreifen, daß sie Menschen werden könnten in der Nachfolge Jesu. Aber sie scheitern leicht, wenn sich zeigt, daß die Nachfolge Jesu ökonomische Konsequenzen hat: »Jesus blickte ihn an, liebte ihn und sagte zu ihm: Eines fehlt dir; gehe hin, verkaufe alles, was du hast, und gib es den Armen, und du wirst einen Schatz im Himmel haben und auf! Folge mir nach! Der aber wurde traurig über das Wort und ging verzweifelt weg, denn er hatte viel Besitz« (Markus 10,21f.). Man sollte die Schwierigkeiten, die der reiche Jüngling hat, die ja unsere Schwierigkeiten sind, ernst nehmen und sich helfen lassen von der Nüchternheit und der liebevollen Zuwendung Jesu und seiner armen Nachfolger, die aus diesem Text spricht.

Es ist für uns nicht so einfach, auf unserem Wege eine so völlige Kehrtwendung zu machen, wie sie für uns notwendig ist. Viele von uns wissen, wie furchtbar Gewalt und Hunger in Ländern der sogenannten Dritten Welt wüten, und viele von uns wissen auch, daß wir an diesem Schuldzusammenhang massiv beteiligt sind. Wir exportieren in solche Länder nicht unsere Nahrungsmittelüberproduktion, sondern technologisch hochwertige Waffen; wir erzwingen ungerechte Rohstoffpreise, und unser ganzes System droht in ein Kriegschaos zu kippen, wenn sich die Rohstoffverteilung nicht mehr so erzwingen läßt wie bisher.

Ist es da unverständlich, daß Christen zu Verdrängungskünstlern werden? Daß sie zum Beispiel auch in der Frage des Reichtums die so eindeutigen Worte des Evangeliums umdeuten und sagen, es sei von uns nur verlangt, unser Herz nicht ans Geld und an den Wohlstand zu hängen. Umkehr sei ein rein religiöses, nur das Herz betreffendes Ereignis. Doch die Umkehr der Reichen hat umfassenderen Charakter: Herz, Kopf und Hand sind betroffen – Herz, Bewußtsein und die politische und ökonomische Zielrichtung unseres Handelns.

Das auf der EKD-Synode 1979 verdrängte sogenannte »EMW-Papier« sprach von einer bei uns notwendigen »Umverteilung« der Macht. Das ist eben bei uns der kritische Punkt, daß die Nachfolge Jesu solche Konsequenzen hat.

Ich möchte die theologische Ursache der Umkehrforderung für die Reichen benennen. Warum genügt es nicht, seinen Nächsten im unmittelbaren Lebenszusammenhang der Familie und des Berufs zu lieben? Warum müssen wir uns wie Weltpolitiker aufführen, um christlichen Glauben leben zu können? Weil der Gott der Christen Herr der Welt und Schöpfer der Welt ist. Daß Gott Herr der Welt ist, heißt aber nicht, daß wir in seinem Namen die Welt beherrschen und Nichtchristen unsere Kultur oder besser unsere Unkultur aufzwingen. Daß Gott der Herr der Welt ist, heißt, daß er will, daß *jeder* Mensch als Gottes Geschöpf leben kann, als Mensch, der Gottes Ebenbild ist, und daß die Würde der Schöpfung unteilbar ist. Solange Menschen verhungern, essen wir unser Brot »unwürdig« (1. Korinther 11,27), werden wir schuldig am Leibe Christi. Die Christen damals haben diesen Zusammenhang der Menschen, der keine privatisierende Frömmigkeit zuläßt, sehr anschaulich ausgedrückt: Die Gemeinde Gottes ist Beginn einer neuen Schöpfung, Leib Christi. Wenn ein Glied leidet, leidet das Ganze mit (1. Korinther 12,26). Und deshalb ist das Evangelium Evangelium *der Armen* und nicht Evangelium für alle. Das Evangelium für die Reichen gibt es nicht. Nur das Evangelium für umgekehrte Reiche, aber die sind dann auf dem Weg, wo ihr Reichtum immer weniger wird. Nicht Wachstum, sondern Schwund ist die Konsequenz unserer Bekehrung zum Evangelium.

Es gibt sehr viele Möglichkeiten, die Bekehrung der Reichen in die Tat umzusetzen, zum Beispiel in der Friedensbewegung mitarbeiten, denn die weitere Aufrüstung der Industrieländer verschärft die Ausbeutung der Armen. Oder: ökumenische Initiativen unterstützen, wie zum Beispiel die ökumenische Entwicklungsbank; überhaupt muß über ökumenische Dokumente bei uns mehr geredet werden. Oder: Mitarbeit an der Veränderung der Herzen und Köpfe, die sich nicht vorstellen können, wie es ohne Wachstum weitergehen soll, die sich nicht vorstellen können, daß die Armut auf dieser Welt mit unserem Reichtum zusammenhängt – und die sich nicht vorstellen können, daß Almosen, deren Verwendung der Geber auch noch überwacht, nur eine Beleidigung der Betroffenen sind.

Die Kraft, auf diesem Umkehrweg zu gehen, wird uns wohl nicht schon vorher – blanko – geschenkt werden. Aber wenn wir angefangen haben, werden wir uns dann auch gegenseitig stützen können. Ich habe auch die Erfahrung, daß es eine große Hilfe ist, gemeinsam und unter der Perspektive des Evangeliums der Armen die Bibel zu lesen.

WALTER JENS

Hoffnungszeichen und Richtspruch

Die Weihnachtsgeschichte des Evangelisten Lukas: Das ist die bekannteste Erzählung, die es, wo Christen leben, gibt (»Es begab sich aber zu der Zeit«: letzte gemeinsame Basis der einander fremd Gewordenen) – und die geschändetste dazu: mißverstanden wie keine zweite, vom Nüchternen ins Sentimentale verkehrt und durch frömmelnde Idyllisierung ihres Sinngehalts beraubt. Orientalisches Dunkel in einer erbärmlichen Gegend – verwandelt in die »stille« und »heilige« Nacht. Eine kreißende Frau und ein Mann, der im Stall, es kann auch eine Höhle gewesen sein, der Gebärenden beisteht – stilisiert zum »trauten hochheiligen Paar«. Die Krippe, die entweder eine Futterraufe oder eine in die Wand eingehauene Mulde war, auf die Maße eines Nürnberger Spielzeugs gebracht, und die junge Braut, in bezeichnender Mißdeutung des von Luther Gemeinten, in eine Freud und Leid teilende Ehefrau, das »vertraute Weib«, verwandelt.

»In jenen Tagen befahl Kaiser Augustus allen Einwohnern des Reichs, sich in Steuerlisten eintragen zu lassen«: So beginnt keine golden schimmernde Legende – so fängt einer an, der die Heilsgeschichte in den historischen Kontext einfügen will ... was nun ganz ohne Gewalttätigkeit freilich nicht geht: Jesu Geburt und die große, Personen so gut wie Besitzstand erfassende Registrierung in Judäa – da stimmt das eine mit dem anderen zeitlich nicht überein; und was die Schätzung angeht, so wurde sie vor Ort durchgeführt, und nicht etwa dort, wo jemand geboren worden war. Aber auf solche Detail-Übereinstimmung kam es Lukas nicht an: er brauchte die Kongruenz im Allgemeinen, brauchte die messianische Stätte und brauchte den historischen Rahmen, brauchte das Himmelszeichen in der Geburtsnacht und die Profangeschichte, die das Jenseits im Diesseits einbettete – also nannte er in einem Atem, was für ihn zusammengehörte: das *Kind* und den *Kaiser*, den *Handwerker Joseph* (ein Schreiner wahrscheinlich, vielleicht aber auch Maurer) und den *Konsul Quirinius*, Statthalter in Syrien, die *Geburt des Einen* und die *Zählung des Volks*.

Hier die Engel am Himmel und dort die Steuerlisten, in die sich jedermann eintragen mußte: auf diese Dialektik, das Wechselspiel von Majestät und Alltäglichkeit, dem Einzigartigen und dem Historisch-Normalen, zielte Lukas ab; darum stellte er die Namen *Gott* und *Kaiser Augustus, Messias* und *Quirinius* nebeneinander – darum verband er die beiden Ebenen durch den Begriff *David*, eine historische Gestalt, die zugleich auf den vom Himmel gesandten Retter verweist.

Lukas, der Chronist, ist ein behutsamer Mann: erst den Kaiser, dann den Statthalter, dann die Eltern und schließlich das Kind nennend, nähert er sich dem Zentrum, in einem Akt vorsichtiger Annäherung, von der Peripherie her – wobei er es bei kargem Bezeichnen des Tatbestandes beläßt: »Auch Joseph zog von Galiläa, aus der Stadt Nazareth, nach Judäa hinauf, in die Stadt Davids, die Bethlehem heißt ... zusammen mit Maria, die seine Braut war und ein Kind erwartete.«

Braut und *Kind*: Die Zusammenstellung enthält eine Provokation – und ist als solche auch so verstanden worden, in der frühen Christenheit. Was, lautet die Frage in den sogenannten Kindheitsevangelien, ist das für ein Mann, dieser Joseph, der Davids königlichem Haus entstammt und sich zum Hahnrei machen ließ? (»Als sie aber im sechsten Monat war«, heißt es im Protevangelium des Jakobus, »kam Joseph von seinen Bauten, und da er in sein Haus eintrat, fand er sie schwanger. Und er schlug sein Angesicht, warf sich nieder auf den Sack, weinte bitter und sprach: ›Was soll ich beten ihretwegen? Als Jungfrau habe ich sie aus dem Tempel des Herrn, meines Gottes, empfangen, und habe sie nicht behütet. Wer hat mich hintergangen? Wer ... hat sie befleckt? Sollte sich Adams Geschichte an mir wiederholt haben? Denn wie Adam in der Stunde seines Gebets abwesend war und die Schlange kam und Eva allein fand, sie betrog und sie so befleckte, so ist auch mir widerfahren.‹«)

Da redet einer, rechtet und wehrt sich, der in den Evangelien schweigend im Hintergrund bleibt; da wird jemand belehrt – »rein bin ich«, sagt Maria zu ihm, »und weiß nicht von einem Mann« – und hört doch nicht auf zu zweifeln ... soll er das Geschehen vertuschen oder die Frau, »vor den Söhnen Israels«, bloßstellen? Da läßt sich einer auf die Gottesprobe ein, indem er, gemeinsam mit Maria, das Prüfungswasser trinkt, das den Schuldigen die Eingeweide ätzt, aber obwohl beide die Probe bestehen, hören Josephs Sorgen – Sorgen eines alten Mannes mit einer jungen Frau – nicht auf ... wie zum Beispiel soll er sich bei der Registrierung verhalten: »Ich werde meine Söhne aufschreiben lassen – was aber mit diesem Mädchen? Wie soll ich sie aufschreiben lassen? Als meine Frau? Da schäme ich mich. Oder als Tochter? Aber es wissen ja alle Söhne Israels, daß sie nicht meine Tochter ist!«

Joseph in seiner Not: ein Mann, der sich auf den Weg macht, aber sein Ziel nicht erreicht – »Joseph, hebe mich von der Eselin, denn das Kind in mir bedrängt mich und will heraus« –, so daß auf freiem Feld eine Höhle gesucht werden muß (»wo ich deine Unziemlichkeit schütze«), eine Höhle und – eine Hebamme!

Jesu Geburt und deren Vorgeschichte: beschrieben in einer Genre-Szene aus der Perspektive des Handwerkers Joseph, eines alten schon einmal verheirateten Mannes mit erwachsenen Kindern – dies eben wollte Lukas *nicht* erzählen. Ihm ging es vielmehr darum, die Widersprüche in aller Schroffheit stehenzulassen: Jesus – das Kind des Heiligen Geistes, aber auch das Kind aus Davids Haus, das Kind des *jungen* Joseph und der Maria, die später noch andere Kinder gebar, das Gotteskind und das Kind eines Maurer-Tischlers (der kein alter Mann war) und eines Mädchens vom Dorf (die anders als es die Marien-Legende ihr abverlangt, keine Jungfrau blieb): Nein, als Idylle will sie gewiß nicht verstanden sein, diese Geburt im Stall, wo die Raufen der Tiere sind ... nicht als Idylle, wenn man an die Zwie-Lichtigkeit der Umstände denkt, das Miteinander von Segen und Verdächtigung (Maria, in römischer, ägyptischer, jüdischer Version als Ehebrecherin an den Pranger gestellt) – nicht als Idylle im Hinblick auf den Realismus der Darstellung (»Windeln«: das Wort taucht in der Bibel nur hier auf) ... nicht als Idylle unter dem Aspekt der Folgen, die diese Geburt für die Kinder Bethlehems hatte: Während das eine entkommen konnte, starben alle anderen.

Beschreibung eines Heilsvorgangs – und wieviel Schatten dabei, wieviel Dunkel und Elend! Und wie dramatisch, gerade weil sie ausgespart sind, die Verweise auf Zweifel, Opfer und Furcht! Aber ist das ein Wunder? Schließlich wurde die Weihnachtsgeschichte im Zeichen des Kreuzes erzählt – mit dem Blick aufs Ende, so daß sich ein Bezugsverhältnis zwischen Stall und Galgen, Krippe und Marterholz, der Mutter an der Krippe und der Mutter unter dem Henkerskreuz, der dunklen Nacht von Bethlehem und jener Tagesnacht von Golgatha ergibt, die Finsternis über das Land bringt und das Sonnenlicht verlöschen läßt.

Die Stunde der Geburt – von der mit ihr in vielfach-geheimer

Korrespondenz stehenden Todesstunde aus betrachtet, aber auch von Ostern aus zuallererst! Und wiederum ist *Furcht* ein Schlüsselwort: Wie sich die Hirten fürchten, wenn der Engel des Herrn neben sie tritt, so fürchten sich die Jünger im Augenblick, da Jesus sie mit Worten anspricht, die, in der Form des A und O, die Brücke zwischen Bethlehem und Bethanien schlagen, zwischen dem Anfang »Heute wurde in der Stadt Davids der Retter geboren: euer Herr, der Messias« und dem Ende, das kein Ende war, sondern die Hoffnung des Evangelisten verbürgt: »So steht es geschrieben: Der Messias muß leiden und wird auferstehn am dritten Tag.«

Hier, in Bethlehem, die Hirten und dort, in Bethanien – ihnen ranggleich: nicht erhoben über sie! – die Jünger: hier das *erste* Zeichen, das Krippenkind in den Windeln, und dort, nicht minder realistisch, das *letzte*, das Stück gebratenen Fischs, das der Auferstandene vor den Augen seiner Schüler ißt – beides gehört untrennbar zusammen, wobei es das »Ende« ist, das den Anfang verläßlich und glaubwürdig sein läßt: »Seht, ich verkündige euch, daß eine große Freude bald das ganze Volk ergreifen wird.«

Unter diesem Aspekt nimmt es nicht wunder, daß Weihnachten, an Ostern gemessen, als ein nachgeordneter Gedenktag erschien: Nicht auf die Geburt kam es den Gläubigen an, so reich an Wunderzeichen, an Doppel-Sinn und Zwie-Licht sie war, sondern auf die *Neu-* und *Erst*-Geburt von den Toten. Kein Zufall also, daß die Frage, wann genau er nun geboren worden sei, dieser Jesus, im März oder Mai oder April, den frühen Christen eher als Problem zweiten Ranges erschien: Frühjahr oder Herbst, über beides ließe sich reden, der Winter dagegen oder die Regenzeit kämen nicht in Betracht – da wären Hirten nicht auf den Feldern gewesen.

Es bedurfte pedantischer Berechnungen und handfest politischer Erwägungen, um das Geburtsdatum entweder, wie in der Ostkirche, auf den 6. Januar oder, so im Westen, auf die Zeit der Wintersonnenwende zu legen: einen Termin, der sich als günstig anbot, wo es zur Zeit Konstantins galt, den Kult des unbesiegbaren Sonnengotts durch die Jesus-Religion zu verdrängen. So betrachtet ist es also durchaus vernünftig, sich auch einmal im Sommer Gedanken über einen Text zu machen, der mit dem, was wir unter »Weihnachten« verstehen – Kerzenschein in dunkler Zeit; ein Hauch von Stallwärme und »gotischer Stube« mitten im Winter – herzlich wenig gemein hat:

realistischer wäre es – Zeitpunkt und Sinn der Nacht von Bethlehem besser entsprechend! –, Weihnachten in die Nähe von Ostern zu rücken, und damit Geburt und Wiedergeburt, Jesu Menschsein und Christi Gottheit, in einem Atem zu nennen.

Die Evangelisten, so viel steht fest, hatten, unbekümmert um Psychologie, mit Jesu Kindheit nicht viel im Sinn: ein paar karge Notizen über die Geburt in Bethlehem, einige Worte über den Kindermord und die Flucht nach Ägypten, eine knappe, im üblichen Legenden-Stil von wundersamer Frühreife kündende Szene – Jesus belehrt die weisen Rabbiner im Tempel ... und schon sind wir bei der Taufe im Jordan, bei Johannes und bei der Wüste, in der der Teufel das Wort hat.

Nein, Neugier kommt nicht auf ihre Kosten, wo es, im Zurückdenken von Ostern aus, nur um die Beschreibung eines einzigen Phänomens geht: daß ein Licht, das einmal in der Welt ist, dann unauslöschbar bleibt, wenn Menschen da sind, die von seinem, des Lichts, Eintritt in die Welt Zeugnis ablegen ... besonnene Leute, wie es die Hirten waren (die Armen als die verläßlichsten Boten), die den Ruf des einzelnen und den Lob-Refrain des Chors aufnahmen (»In den Himmeln: Gottes Macht! Licht! Und Herrlichkeit! Auf der Erde: Gottes Frieden! Frieden allen, die er liebt!«) ... Hirten, Menschen aus dem Volk, die am besten verstanden, worum es hier ging: daß ein Kind das Gegenzeichen zur Herrschaft des Kaisers aufrichtete, indem es im Hier und Heute auf beginnende Veränderung aller Maßstäbe, die Vertauschung von oben und unten verwies. Plebejer sind es gewesen, die sich aufmachten und weitererzählten, was ihnen gesagt worden war; Plebejer wurden, wiewohl ungetauft, die ersten Apostel, Vor-Boten eines Petrus und Paulus, für die es keines Missions-Befehls bedurfte, um das Rechte zu tun – und zwar mit Erfolg: »Die Menschen, die es hörten, staunten über die Worte der Hirten. Maria aber behielt sie im Herzen und bedachte alles, was geschehen war.«

Und nun die Frage: Was wäre geschehen, wenn die Hirten »Nein« gesagt hätten: »Nein, wir bleiben, wo wir sind«, oder: »Wozu hingehen? Wir glauben auch so«, oder: »Gepriesen sei Gott, wir wollen beten zu ihm« (und danach nichts mehr getan) ... und was wäre gewesen, ein Sprung zu Matthäus hinüber, wenn die Sterndeuter aus dem Osten Jesus preisgegeben hätten?

Das *andere* Bethlehem – wie es aussieht, wissen wir dank eines der ergreifendsten Gedichte deutscher Gegenwartspoesie, geschrieben von Peter Huchel.

Wie Wintergewitter ein rollender Hall.
Zerschossen die Lehmwand von Bethlehems Stall.

Es liegt Maria erschlagen vorm Tor,
Ihr blutig Haar an die Steine fror.

Drei Landser ziehen vermummt vorbei.
Nicht brennt ihr Ohr von des Kindes Schrei.

Im Beutel den letzten Sonnblumenkern,
Sie suchen den Weg und sehn keinen Stern.

Aurum, thus, myrrham offerunt ...
Um kahles Gehöft streicht Krähe und Hund.

... quia natus est nobis Dominus.
Auf fahlem Gerippe glänzt Öl und Ruß.

Vor Stalingrad verweht die Chaussee.
Sie führt in die Totenkammer aus Schnee.

So sieht es aus, das Anti-Bethlehem unserer Tage: Die Nacht, in der nur die Kreißende schrie (die Hirten, heißt es in einer Kindheitserzählung, hätten ihre Schreie gehört, als sie bei den Tieren wachten) – zerrissen vom Grollen der Artillerie: ein Hohn auf die Natur, nach der Art eines Wintergewitters; der Stall mit seiner Leben bergenden Ärmlichkeit – zerschossen; die Mutter – erschlagen: mit blutig gefrorenem Haar liegt sie im Freien; die Magier, vermummte Landser, im Weglosen verloren, gehen vorbei; der Stern ist dunkel; statt des freundlichen Getiers drinnen im Stall, Ochs und Esel, streichen Krähe und Hund draußen ums Haus; statt der Bäume stehen Panzergerippe herum; statt Weihrauch, Gold und Myrrhen bestimmen Exkremente die Szenerie: Stalingrad – und nicht mehr Bethlehem, die Totenkammer und nicht mehr der Stall, das verläßlich-bescheidene Zeichen des Lebens. Bethlehem – ins Gegenteil verkehrt: Krieg – und nicht Frieden; Dunkelheit – nicht Licht; die heilige Familie: eine tote Frau, ein schreiendes Kind, ein verschollener Mann ... das ist alles, was übrigblieb in einer Welt, von der es bei Lukas heißt: »In den Himmeln: Gottes Macht! Licht! Und Herrlichkeit! Auf der Erde: Gottes Frieden! Frieden allen, die er liebt!«

Eine bis zum baren Grauen gesteigerte Negation, in der Tat, dieser Widerruf von Bethlehem ... eine Negation, wohlgemerkt, aus der Perspektive der Hirten – der kleinen Leute, deren Botschaft so weit in Vergessenheit geraten ist, daß an die Stelle des Namens von Jesu Geburtsstadt ein anderes Drei-Silben-Wort treten konnte: Stalingrad – und selbst diese Negation ist, anno 1981, noch überbietbar, da sich eine Welt ausdenken läßt – und in den militärischen Planspielen ausgedacht *wird!* –, in der es weder jemanden gibt, der die Worte der Scharen des himmlischen Heeres zu wiederholen wagt, noch jemanden – und darauf kommt es an –, der zu berichten in der Lage wäre, daß sie überhaupt einmal gesprochen worden sind.

»Auf der Erde: Gottes Frieden« – es könnte sein, daß dieser Satz sich derart in sein Gegenteil verkehrt, daß *Friede* gleichbedeutend mit *Tod* wird: Europa, unbevölkert, unbewohnbar für ein paar hundert Jahre. Aber gerade im Augenblick solcher – sehr realer – Gefahr erweist sich die Weihnachtsgeschichte, in ihrer Nüchternheit und sanften Präzision, als der dramatischste Appell zur Umkehr, der sich denken läßt – dramatisch eben dank einer Darstellungskraft, die Anmut und Realismus miteinander verbindet und das Erhabene durch das Kleine und Freundliche konterkariert: »In jenen Tagen befahl Kaiser Augustus« und »Im Haus war keine Bleibe für sie« – ein gewaltigeres Decrescendo, könnte man meinen, ist nicht zu erfinden; aber das stimmt nicht; denn diese jämmerliche Krippe in dem jämmerlichen Stall einer jämmerlichen Karawanserei in einem jämmerlichen Dorf ist zugleich der einzige Ort, auserwählt von Anfang an, auf den zu der Himmel sich öffnet (das Decrescendo ist mithin ein Crescendo), und die Plebejer auf dem Feld, diese allerletzten, an Augustus, Quirinius oder Herodes gemessen, sind Gottes Partner, Mittels-Männer zwischen Himmel und Erde und Boten seines Vertrauens: Da verwandelt sich der Bericht, dialoglos und nüchtern, eher Chronik als entzücktes Zeugnis des Herzens, in lebendige, das Oben zum Unten, das Unten zum Oben kehrende Rede: Blickt der Engel zu den Hirten herab, so schauen die Heerscharen, Gott preisend, zu ihm empor, reden die Proto-Apostel, hören die Menschen, bewahrt Maria die Worte, verwandelt sich der Lobpreis des Himmels am Ende in den Lobpreis der Erde, stellen die Hirten, heimkehrend, die Übereinstimmung von göttlichem Ratschluß und menschlichem Überzeugtsein ins Licht: »Denn sie hatten gehört und gesehen: Es ist alles, wie uns gesagt worden ist.«

Kein sanfter Traktat, diese Weihnachtsgeschichte, die keine ist, sondern ein revolutionärer Appell – ein Appell zum Frieden; denn wenn irgendwo mit der Vollmacht des Glaubens gesagt wird: »Es gibt nichts Wichtigeres als Frieden zu haben«, dann in dieser Geschichte – einer Solidaritäts-Erklärung zugunsten der Armen, die sehr wohl Aktualität beanspruchen darf. Die Hirten, irgendwo in der Dritten Welt, auf einer Plantage von Namibia, in einer libyschen Fabrik, einem chilenischen Gefängnis, sind immer noch auf dem Feld, und die Steuereinnehmer, die fernen und nahen Besatzer, die direkten und indirekten Ausbeuter, Rohstoffplünderer, Waffenlieferanten – sie sind gleichfalls mit von der Partie, machen ihre Geschäfte, forcieren die Rüstung, identifizieren soziale Gerechtigkeit mit militärischer Stärke (nicht nur in Washington, das sich in blinder Verwegenheit das »wiedererstandene Jerusalem« nennt), planen den Overkill und zählen darauf, daß der Gegner auf jeder nächsthöheren Vernichtungs-Stufe vorausberechenbar agieren werde wie eine Etage darunter: Die Daumenschrauben setzen sie an, die Nachfolger der Steuereintreiber, haben, über ihren Rechengeräten (statt der Morgengebete die Frage: wieviel mal kann Gottes Schöpfung, die Erde, mit dem bestehenden Zerstörungs-Material in die Luft gesprengt werden?), die Menschen vergessen – und sind, dies unterscheidet sie nun freilich von den herrschenden Kreisen im Imperium Romanum des Kaisers Augustus, den Heiden so gut wie die Juden ... Leser der Weihnachtsgeschichte, Christen, die alljährlich ihre »happy Christmas«-Grüße versenden und unterm Baum des heiligen Paars und des Pausbacken-Knaben in den Windeln gedenken. Die Geschichte von Jesu Geburt und dem Dialog auf offenem Feld, zwischen Himmel und Erde – heruntergekommen auf das Niveau einer sentimentalen Moritat im Boulevard-Zeitungs-Stil ... nein, das hat diese ebenso *unheimliche* (denn es wird ein Kind geboren, das – wie bald schon – einen grauenvollen Tod sterben wird, ein Kind, das schuldlos schuld am Tod von seinesgleichen ist) wie von Freundlichkeit, ja Grazie erfüllte Geschichte nicht verdient – eine Geschichte, die zeigt, wie Menschen mit Menschen umgehen könnten, behutsam und leise (»Maria aber behielt die Worte im Herzen«: gibt es einen Satz in der Weltliteratur, der so anschaulich wie dieser die Verbindlichkeit menschlicher Rede und deren Wirkung beschreibt?) ... eine Geschichte, in der sichtbar wird, was es bedeutete, wenn Gott allein mit sich wäre und kein Mensch – kein Hirte! – ihm antworten könnte; wenn Bethlehem nicht nur, eine Schreckens-

Zeit lang, durch Stalingrad ersetzt, sondern, mit allen Konsequenzen eines radikalen Erinnerungs-Verlusts, ausgelöscht würde; wenn – und dies ist zum erstenmal denkbar in der Menschheits-Geschichte – Jesus von Nazareth das späte und letzte Opfer des bethlehemitischen Kindermords würde: ein Namenloser unter Namenlosen, dessen niemand mehr gedenkt.

»Auf der Erde Gottes Frieden! Frieden allen, die er liebt«: So, wie die Dinge stehen, heute, enthält dieser Satz für den Christen, der sich, in offener Rebellion gegen das jesuanische Liebesgebot, immer selbstgewisser zu der einst von Tucholsky karikierten und heute schon zu plumper Selbstverständlichkeit gewordenen Devise »Gewehre rechts, Gewehre links, das Christkind in der Mitten« bekennt ... so, wie die Dinge stehen, auf der Kippe zwischen Möglichkeit und Wirklichkeit der Selbstvernichtung, enthält dieser Satz für alle, die, um Nahrung gebeten, auf Waffen verweisen, den Richtspruch.

»Friede auf Erden und den Menschen ein Wohlgefallen«: Nein, das steht leider nicht im Text – so freundlich es klingt und so bewegend sich die Luthersche Deutung des Wortes Wohlgefallen auch ausnimmt: »Dass die Menschen davon Lust und Liebe haben werden gegen Gott und untereinander. Und dasselb mit danck annemen und darüber alles mit freuden lassen und leiden.« Die richtige Lesart ist weniger freundlich – und die besagt: Es gibt Menschen, die den Frieden nicht verdienen.

Wie, wenn wir dazugehörten, – wir, die wir, als hätte es die Bergpredigt niemals gegeben, nichts dagegen unternehmen, wenn man uns zumutet, daß erst in den Entwicklungsländern die andern und dann wir selbst zu Rauch und Asche vergehen? Gerade so, als hätten wir die Worte der Weihnachtsgeschichte nie richtig gelesen, die, auf dem Höhepunkt der Epiphanie: wo die Himmel sich öffnen und das Licht von überallher einströmt, mit drei Worten schließt, die deutlich machen, daß Gottes Liebe auch verspielt werden kann.

Plötzlich standen neben dem Engel
die Scharen des himmlischen Heers;
sie priesen Gott und riefen:
»In den Himmeln: Gottes Macht!
Licht!
Und Herrlichkeit!
Auf der Erde: Gottes Frieden!
Frieden allen, die er liebt!«

Die Weihnachtsgeschichte als Anti-Idylle, soziale Utopie (»Frieden auf Erden«: Vor-Schein der Vollkommenheit) und Richtspruch vom Himmel: So, denke ich, will der Bericht von Jesu Geburt, wie Lukas ihn erzählt, gelesen sein. Hoffnungszeichen und – »Was der Mensch sät, das wird er ernten« – Warnung in letzter Stunde zugleich: das Schalom des Vaters ist widerrufbar.

KURT MARTI
Wohin mit meiner Wut?

Wut.
Sie paßt, ich weiß, schlecht zur Weihnachtsgeschichte, zur Ausrufung des Friedens Gottes auf Erden.

Frieden?

»Es gibt wichtigere Dinge als Frieden«, verlautete offiziell in einem der Weltmachtzentren. Trotzdem wird dort, wo dies verlautete, am Weihnachtstag ein riesiger Weihnachtsbaum aufleuchten, mit elektrischen Glühbirnchen, versteht sich. Und Krippenfiguren werden aufgestellt, Weihnachtslieder gesungen, vielleicht wird sogar die lukanische Weihnachtsgeschichte gelesen werden.

Wut. Wut.

Mit Weihnachtsliedern dem nuklearen Holocaust entgegen.

„Was haben Sie für ein Menschenbild?«, wurde ich kürzlich von Studenten gefragt. Antwort I: Das der Bibel, falls diese überhaupt ein bestimmtes Menschenbild kennt, denn der Mensch ist mehr als alle Bilder von ihm, weil er – als Mann und Frau – das Bild Gottes ist. Antwort II: Heute hat sich der Mensch zu jenem – einzigen! – Wesen gemacht, das seine eigene Gattung auslöschen kann. Davon ist realistischerweise auszugehen. Im Verhältnis zu Antwort I bedeutet das möglicherweise, daß es uns nicht genügt, Bilder Gottes zu sein, wir möchten jetzt selber Gott dieser Erde werden. Da wir die Erde jedoch nicht erschaffen können, bleibt uns als Beweis dafür, daß wir wie Gott sind, nur die Zerstörung der Erde, die selbstgemachte Apokalypse.

Wut, ich weiß.

Worte der Wut, theologische Improvisation der Wut. Dabei ist Wut alles andere als eine theologische Tugend.

Die wutlose Weihnachtsgeschichte versetzt mich in Zweifel, ins Unrecht wohl gar. Beten also, beten um kühleren Kopf zum Gott der Weihnachtsgeschichte:

Gott in den Himmeln,
Gott für die Erde,
nimm
– um Deines Friedens willen –
die Wut von mir!

Doch nichts geschah, geschieht. Die Wut weicht nicht, ebbt höchstens ein wenig ab oder wird für eine Weile verdrängt, dann ist sie wiederum da, steigt hoch, wenn ich lese, was uns diesmal der verteidigungspolitische Herr Berater wissen läßt: »Ich meine, die höchste Form von sozialer Sicherheit ist immer noch ein starkes Militär.« Also, was soll das soziale Geplärr! Herunter mit den Sozialausgaben, hinauf mit den Rüstungskrediten! Und setzt sich, ein Christ auch er, am 24. 12. unter den Weihnachtsbaum, glänzenden Auges womöglich.

Wut, Wut.

Pro Kopf der Erdbevölkerung sind schon jetzt fünfzehn Tonnen *(Tonnen!)* Sprengstoff bereitgestellt. In Europa warten auf jeden Einwohner sogar sechzig Tonnen *(Tonnen!)* Sprengstoff. Und das, sagt man, sei noch lange nicht genug.

»In den Himmeln: Gottes Macht!
Licht!
Und Herrlichkeit!«

In den unteren Himmelsregionen aber wird mit Satelliten, Raumfähren und so weiter zielstrebig aufgerüstet und hängen also über jedem einzelnen Frauenkopf, Männerkopf, Kinderkopf fünfzehn oder sechzig Tonnen Sprengstoff, je nach geographischer Lage.

Wäre dies leichter zu ertragen, wenn man radikaler Pessimist wäre wie É. M. Cioran, der schreibt: »Meine Vision von der Zukunft ist so deutlich, daß ich, hätte ich Kinder, sie auf der Stelle erdrosseln würde«?

Ich bin jedoch nicht Pessimist und vielleicht deswegen wütend. Ich bin kein Pessimist und habe Kinder. Um ihretwillen und um all der Kinder willen, die ich als Pfarrer durchs Jahr hindurch taufen darf, gelingt es mir nicht, wutlos zu bleiben. Es gelingt mir noch weniger, meine Wut in kühlen, überlegenen Pessimismus zu verwandeln.

Weit intensiver als noch vor wenigen Jahren ruft mir heute jedes Kind, das ich taufe, das Baby von Bethlehem in Erinnerung. Die weihnächtliche Tauf-Assoziation habe ich behelfsmäßig zu formulieren versucht:

Kinder taufen

Steilum
stauen
die Unheile sich –

bricht,
was da kommt,
mit Dammriß
und Sturzflut
herein?

Noch aber,
noch taufen wir
dem Gotte,
der Kind war,
die Kinder
scheu
ins Gedächtnis.

Aber auch andersherum wäre die letzte Strophe denkbar und möglich:

Noch aber,
noch taufen wir
uns Christen
den Gott,
der Kind war,
neu
ins Gedächtnis.

Ich weiß, die Wendung vom »Gott, der Kind war« vereinfacht. Die lukanische Geschichte enthält keine derartige Aussage. Geboren wird »euer Herr, der Messias« als Gottes Friedensbringer und »Retter«.

Dennoch, was Lukas hier erzählt, kommt mir vor wie die Geschichte der Abrüstung Gottes. So hat es schon der böhmische Kantor Nikolaus Herman (1480–1561) in seinem Weihnachtslied gedichtet, in der dritten Strophe:

»... entäußert sich all seiner Gwalt,
wird niedrig und gering

und nimmt an sich eins Knechts Gestalt,
der Schöpfer aller Ding.«

Machtverzicht, Abrüstung Gottes bis auf das Kind in der Krippe, bis auf den Mann am Kreuz. Selbstentäußerung, Machtentäußerung: so formuliert ebenfalls der Christus-Hymnus im Philipperbrief (2,6–11). Gott geht in seinem Messias voran, und rund drei Jahrhunderte lang ist ihm die Kirche gefolgt, hat die Zugehörigkeit zur messianischen Gemeinde für unvereinbar gehalten mit der Zugehörigkeit zu irgendeiner Armee.

Und dann, man weiß es, der Sündenfall der Kirche.

Und jetzt, in der gleichen Stunde, wo ich dies schreibe, werden weltweit achtzig Millionen Franken oder D-Mark für Rüstung ausgegeben, verhungern zugleich aber zweitausend Kinder.

Anti-Weihnacht.

Und der Count-down zum Overkill ist im Gang. Es »genügt ein einziger Verrückter, ein Politiker oder ein Soldat, der des Friedens überdrüssig ist, oder ein Irrer, der eine Krise falsch einschätzt, um die gesamte Zivilisation der nördlichen Hemisphäre zu vernichten« (Nigel Calder).

Wohin, ach, mit meiner Wut, ehe sie sich in Traurigkeit und Fatalismus verwandelt?

Wutlos, ergeben gehorchen Joseph und Maria dem obrigkeitlichen Befehl, trotz der nahen Niederkunft. Ist die Weihnachtsgeschichte vielleicht deswegen der auch von Obrigkeiten am liebsten gefeierte (ja: gefeierte!) Bibeltext? Seht, wie fügsam die beiden sind! Keine Schwierigkeiten, kein Widerstand! So hat mans gern: den Autoritäten – seis der himmlischen, seis irdischen – ergeben.

Auch bei den Hirten auf dem Feld: kein Anzeichen irgendeiner Wut. Vielleicht gabs wenig Grund für sie, wütend zu sein?

Der, die Engel? Engel in Wut, das gibts nicht einmal auf einem Paul-Klee-Bild. Engel sind über solche Emotionen wohl erhaben.

Ich stehe vor der Weihnachtsgeschichte und kann meine Wut nirgends hinlegen. Alles leuchtet in Gehorsam, Freude, Engelsglanz. Die Geschichte schließt mich aus. Oder wenn nicht mich, so doch meine Wut.

Was aber soll mir eine Geschichte, die sich taub stellt für meinen Schrei, für meine Wut?

Gott in den Himmeln,
Gott für die Erde,
wohin
– um Deines Friedens willen –
mit meiner Wut?

Nein, man darf ein kleines Kind nicht wecken, auch das in der Krippe nicht. Psst, psst, kein Gezeter, kein Streit, keine Schreie, keine Wut! Schlaf' in himmlischer Ruh!

Vielleicht ist Weihnachten just wegen dieses schlafenden Kindes zum beliebtesten aller Christenfeste geworden. Einmal im Jahr wird es betrachtet in seinem süßen Schlaf – und dann wieder munter an die Geschäfte, an die Weiterrüstung! Der Herr, der Veränderer (= Messias) schläft ja den Schlaf seiner scheinbar ewigen Kindheit.

So vielleicht.

Aber nun trumpft meine Wut auf, voll Hoffnung plötzlich: Ihr irrt, das Kind ist erwacht, schon längst! Das Kind ist ein Mann geworden! Wenn ihr das Evangelium des Lukas oder eines der anderen Evangelien lesen würdet, so wüßtet ihr, daß er, der Mann, seinen Mund aufgetan, laut und deutlich geredet hat. Kein Weghören, kein Abwiegeln (»Gesinnungsmoral«, »nur für Ich-Du-Beziehungen tauglich«, etc.) schafft seine Worte aus der Welt. Und was ist die Quintessenz dieser Worte? »Gott hat abgerüstet – rüstet auch ihr ab!«

Nein, so steht es in keinem der Evangelien. Und dennoch läufts auf das hinaus, muß heute so formuliert werden, weil es zum kalten Wahnsinn der totalen, zudem hochsensiblen Überrüstung keine andere Alternative mehr gibt.

Und meine Wut?

Jesus, der Mann, hat sie artikuliert in der Art etwa, wie er den Tempel, damals von einer religiös-kommerziellen Filzokratie beherrscht, gereinigt hat. Er hat meine Wut artikuliert in seinen Schmähreden gegen den Ungeist der geistigen Führer: »Ihr übertünchten Gräber, auswendig schön, inwendig aber voll von Totengebeinen und Unrat!« Bei Johannes dem Täufer heißt es: »Ihr Schlangen! Ihr Natterngezücht! Wie wollt ihr dem Gericht der Hölle entrinnen?« Und dazu die visionären, heftigen Bilder in Jesu apokalyptischen Reden!

Bei Jesus, dem Mann, findet meine Wurt eine Möglichkeit, sich mitzuteilen, weil sie spürt, daß sie geteilt wird, nicht unkritisch, gewiß, aber so, daß aus ihr noch etwas werden könnte.

Gott in den Himmeln,
Gott für die Erde,
verwandle
– um Deines Friedens willen –
meine vielleicht unheilige
in die heilige Wut
Deines Sohnes!

Die heilige Wut Jesu trug ihm den bekannten Schnellprozeß und die Hinrichtung ein, ebenso aber die österliche, pfingstliche Bejahung Gottes.

Und *dieser* Mann also lag damals als Kind in der Krippe! Im Blick auf seine *zukünftigen* Taten, Reden, Leiden riefen die Engel Gottes Frieden aus für die Erde.

Texthistorisch ist nachgewiesen, daß die Geschichten rund um das Kind in der Krippe vorgespannte Nachzügler der Evangelien, das heißt von den Begegnungen mit dem erwachsenen Jesus her konzipiert sind. Deutlicher noch: Erst nach der Auferstehung des Gekreuzigten hat sich überhaupt Interesse geregt für seinen Anfang, für die Geburt, die sich deshalb sogleich ins Licht seiner schon geschehenen Auferstehung verklärt hat. Der Engel der Weihnacht könnte der Engel des Ostermorgens sein. Der Friede, der erschrockenen Hirten verkündet wird, ist der Friede jenes Grußes, mit dem der Auferstandene unter die erschrockenen Jünger tritt: »Friede mit euch!« Die Weihnachtsgeschichte widerstrahlt vom Osterglanz und ist deswegen wutlos.

Ostern wie Weihnachten sind Kundgaben der großen Bejahung Gottes, für die der Retter, der Messias gutsteht. Deshalb:

»Seht, ich verkündige euch,
daß eine große Freude
bald das ganze Volk ergreifen wird;
denn heute wurde euch in der Stadt Davids
der Retter geboren: euer Herr, der Messias.«

Dieses Ja Gottes zum »Volk«, zur Erde, ist das A und O des Evangeliums! Jesu Nein, seine Wut gegen Tempelkommerz, frommen Dünkel und Machtwahn wurzelt im großen göttlichen Ja – allein deshalb ist seine Wut eine heilige. Und so allein kann auch meine, unsere Wut zu einer heiligen werden! Nicht aber geht es darum, emotionslos zu werden, wie von einem stoischen oder technokratischen Mißverständnis des Glaubens her etwa gefordert wird.

»Und dies ist das Zeichen für euch:
Ihr werdet ein Kind finden,
das in Windeln gewickelt in einer Krippe liegt.«

Was ist ein Säugling? Nichts als bedürftige Kreatürlichkeit, nichts als elementare Emotion!

Und was besagt das »Zeichen« des Kindes in der Krippe noch?

Daß die Rettung darin besteht, zu werden, was wir sind: geburtliche, sterbliche Menschen – und daß Verloren-Gehen heißt: werden zu wollen, was wir nie sein können, nämlich Götter der Erde (es reicht, schlimm genug, nur zu holocaustischen Götzen, Molochs)!

Mich jedenfalls hat das österlich/weihnachtliche Ja Gottes zum Menschengeschöpf bisher denn doch immer noch, immer wieder aufgestellt, hat meine Wut zwar nicht gelöscht oder auch nur besänftigt, wohl aber vernünftigt. Sicher, der Christen-Gott hat eine Heidenmühe mit mir, mit meiner Vernünftigung! Aber gegen die mörderische Irrationalität der Megatod-Rationalisten, gegen den finsteren Wahnsinn der Overkill-Manager hilft einzig eine leidenschaftliche, von Emotion durchpulste, sogar von Wut angetriebene Vernunft – die liebende Vernunft des erwachsenen Jesus! Und das ist: die Vernunft der Liebe zum Nächsten, zum Fremden, zum Feind! Immer klarer stellt sich heraus, daß nur sie uns noch Zukunft öffnen, Leben schenken kann.

Gott in den Himmeln,
Gott für die Erde,
so münze
– um Deines Friedens willen –
meine Wut stes wieder um
in die heilige Vernunft
Deiner Liebe!

Mit diesem Gebet jetzt aber hinein in die Kirche, in die Politik, in Aktionen und Subversionen der Vernünftigung (für Abrüstung, Entwicklungspolitik, gewaltlose Konfliktregelung, Umweltschutz usw.)! Ich zum Beispiel schließe diesen Artikel jetzt ab, weil ich in eine Sitzung des lächerlich kleinen Grüppchens

KAGAF (Kirchliche Arbeitsgruppe für Atomfragen) eilen muß: hier und in ähnlichen Unternehmungen vieler Art leben Ostern und Weihnachten weiter. Die Wut nehme ich stets mit, in meiner Tasche, gemäß dem Rate eines chassidischen Rabbis: »Seit ich die Wut gebrochen habe, trage ich sie in der Tasche. Wenn ich sie brauche, hole ich sie hervor.«

Dorothee Sölle
Gewaltfrieden oder Gottes Frieden

Die Weihnachtsgeschichte handelt von zwei Arten von Frieden. Im ersten Satz taucht der Friede des Kaisers auf: Steuerlisten, Eintragung, Volkszählung sind die Wörter, mit denen dieser Frieden beschrieben wird. Die Verwaltung des Römischen Reiches nimmt die unterworfenen Bewohner in den Provinzen unter Kontrolle. Was hier beschrieben wird, ist ein Herrschaftsakt; eine von verschiedenen Methoden, Menschen einer zentralen Gewalt zu unterstellen. Menschen werden »erfaßt«, wie das in der Sprache der Nazis hieß, registriert, bürokratisch verfügbar gemacht. Früher, wenn ich die Weihnachtsgeschichte hörte, habe ich das als sehr lästig, aber doch als harmlos angesehen, heute, wenn ich mir klarmache, was unsere Statthalter in Bonn mit ihren Computersystemen planen, habe ich Angst.

Man muß sich die Pax Romana vorstellen als ein in das Leben jedes Menschen eingreifendes Weltsystem, in dem die Menschen so gefangen sind wie wir heute unter der Pax Americana. Im Zentrum des »Friedens«, wie die Weltordnung auch damals genannt wurde, im geopolitischen Zentrum herrscht materieller Überfluß, maßlose Gier nach neuen Waren und Genüssen, moralische Korruption und seelische Leere und Empfindungslosigkeit. An den Rändern dieser Ordnung, in den beherrschten Provinzen herrscht unvorstellbares Elend, Mangel an den einfachsten Notwendigkeiten wie Wasser, Obdach, Arbeit und Bildung und dabei eine apathische Hoffnungslosigkeit. Diese beiden Seiten, das Zentrum und die Peripherie, bilden zusammen die Pax Romana, den römischen Frieden. In diese gespaltene Welt tritt Gottes Frieden hinein, aber nicht von oben.

Der andere Frieden beginnt in den entfernten Provinzen, bei den Verarmten, die ihre Hoffnungen längst begraben haben. Der neue, andere Frieden bringt die Armen von der Hoffnungslosigkeit zu der großen Freude, »die bald das ganze Volk ergreifen wird«. Er ist eine Nachricht vom anderen Leben für die, die unter der Pax Romana leiden. Diese Nachricht kommt durch Boten auch in das reiche und auf andere Weise todessüchtige Zentrum. Auch dort ertönt die Botschaft vom anderen Frieden, der nicht auf Gewalt und Aufrüstung gebaut ist. Die Boten dieser Nachricht haben es nicht leicht, sie werden überhört, zum Verstummen gebracht, verfolgt und notfalls, wie Paulus, mitten im Zentrum der Macht von der Staatsmacht beseitigt. Es gibt viele Methoden, Menschen zum Schweigen und zum Kopfnicken zu bringen, aber wenn alles nichts hilft und die Wahrheit des anderen Friedens immer wieder durchsickert, dann schlägt die Staatsmacht, die sich durch die in unserem Text angesprochene Bürokratie gefestigt hat, erbarmungslos zu. Wir müssen lernen, den Kaiser Augustus und seine Finanzpolitik am Beginn der Geschichte Jesu in Verbindung zu sehen mit dem römischen Prokonsul Pontius Pilatus an ihrem Ende; es ist die gleiche Sicherstellung von Macht und Ausbeutung durch verschiedene Methoden, mal die Steuerlisten und mal die Folterspezialisten, es ist ein organisiertes System von Gewalt nötig, um den Luxus der Wenigen im Zentrum abzusichern gegen die Bedürfnisse der Vielen.

Da sind zwei Vorstellungen von Frieden im Spiel: der Gewaltfrieden Roms, der mit der Einschüchterung durch die Bürokratie beginnt, und der Frieden Gottes, der »auf der Erde« und »allen, die er liebt« gilt, vor allem und zunächst den Armen. Oscar Romero, der Erzbischof von San Salvador, hat kurz vor seiner Ermordung in einer Predigt gesagt: »Christus lädt uns ein, die Verfolgung nicht zu fürchten, weil, glaubt mir, Brüder und Schwestern, wer sich für die Armen entschieden hat, der muß dasselbe Schicksal wie die Armen durchmachen, und in El Salvador wissen wir, was das Schicksal der Armen bedeutet: zu verschwinden, gefoltert zu werden, Gefangener zu sein und tot aufgefunden zu werden.«

Was bedeutet ein solcher Ruf aus der Peripherie, aus einem Land der Dritten Welt, für uns Bürger des Zentrums, der Ersten Welt? Welchen Frieden wollen wir denn, den, von dem die Weihnachtsgeschichte und Oscar Romero sprechen, oder den anderen Frieden, der vom Zentrum der Macht ausgeht und alle, die sich ihm nicht unterwerfen, bedroht?

Was ist dieser Friede Gottes, von dem der Engel spricht? Wenn wir ehrlich sind, dann wissen wir, daß wir wählen können, welchen Frieden wir suchen, daß wir verschiedene Möglichkeiten haben, daß es einen Unterschied macht, wie wir mit unserer Zeit, unserem Geld, unserer Kraft umgehen, was für uns wichtig ist und was wir aufschieben können. Wenn wir glaubwürdig leben, dann werden wir immer lesbarer für andere. Da leuchtet der helle Schein, der Abglanz Gottes, der das Licht aus der Finsternis hervorkommen ließ, aus unseren Herzen.

Wir werden hineingezogen in den Frieden der Weihnachtsgeschichte, der etwas anderes verspricht als der staatlich verordnete Gewaltfrieden. Wer das verstanden hat, der kann sich von den Oberflächlichkeiten protestantischer Politiker, die meinen, die Kirche solle sich auf Seelsorge und Verkündigung beschränken und die Politik den Politikern überlassen, nur angewidert fühlen. Es ist, als wollten sie denen, die sich auf den Frieden Christi einlassen wollen, sagen: Ihr könnt den hellen Schein in eurem Herzen tragen, aber Erleuchtung und Erkenntnis Gottes darf nicht öffentlich sichtbar werden! Die Bergpredigt ist nur fürs private Individuum gut! Was Friede ist, bestimmen wir! Ich empfinde diese Reden als beleidigend. Sie beleidigen Amos und Jeremia, sie verhöhnen Franziskus und Martin Luther King, sie wissen nichts von Dietrich Bonhoeffer oder Oscar Romero, und sie vermitteln uns eine Idee vom Christsein, die banal und oberflächlich ist.

Die Religion in unserem Lande ist nicht verfolgt. Es ist erlaubt, an Vater, Sohn und Heiligen Geist zu glauben; es ist erlaubt, zur Kirche zu gehen und die sogenannten religiösen Pflichten auszuüben. Aber sobald der Glaube Einfluß auf das Leben gewinnt, das praktische Leben, einschließlich der Politik, dann entstehen Konflikte. Sobald wir uns hier »für die Armen« entscheiden, wie Oscar Romero sagte, und das heißt gegen die Aufrüstung, die ein Verbrechen an den Armen ist, werden wir als »naiv« oder als »kommunistisch« beschimpft. Die religiöse Toleranz ist also sehr oberflächlich; lebendige und echte Religiosität, wie sie zum Beispiel in den Frauen und Männern der Bekennenden Kirche lebte, ist unerwünscht und verdächtig. Ein Christus, der unsere Kultur verklärt und segnet, ist erlaubt, ein konservativ zurechtgestutzter Christus ist sogar erwünscht. Wenn die Weihnachtsgeschichte von zwei verschiedenen Arten von Frieden spricht, der Pax Romana und der Pax Christi, so ist es im Interesse unseres Staates, diesen Gegensatz einzuebnen und die Pax Americana, das heißt den Gewaltfrieden, der auf Atomwaffen aufgebaut ist, zum einzig möglichen zu machen. Wir versuchen, Christus zu integrieren, aber Christus steht gegen diese Kultur, gegen ihre Barbarei und gegen ihre Oberflächlichkeit. Er steht auf der Seite derer, die unter dieser Kultur leiden und die sie bekämpfen. Ihr könnt nicht Gott dienen und dem Militarismus.

Aber was sollen wir denn tun, wenn wir nicht in einem Elendsviertel in El Salvador leben? Wo ist denn der Friede für alle, die Gott liebt? Und wie leben wir ihn? Ehrlich gesagt, ich werde immer ungeduldiger gegen die, die so fragen. Es gibt genug zu tun, falls du dich für die Armen entschieden hast, wie Oscar Romero sagte. Du wirst es selber finden. Falls es dir ernst war mit deiner Entscheidung, werden sich deine Prioritäten ändern. Dein Leben wird ein Ziel haben. Deine Bedürfnisse werden sich ändern. Du wirst es nicht mehr nötig haben, deine Möbel alle drei Jahre auf den Sperrmüll zu werfen. Du wirst beteiligt an dem Kampf gegen Hunger und Ungerechtigkeit. Du findest etwas, wofür zu leben sich lohnt, mit anderen zusammen, du machst dich auf den Weg mit den Hirten, die zu den Ärmsten der Armen gehörten. Da wird nicht eine ursprünglich »rein religiöse« Bewegung politisiert oder umfunktioniert, da sind vielmehr Menschen ganzheitlich, mit allem, was sie denken und fühlen, betroffen und erschrocken. Sie fürchten sich vor diesem gewalttätigen Wohlstand in unserem Land. Sie haben Angst vor der Sicherheit, die erst erreicht ist, wenn der Westen die totale Überlegenheit (being number one) wieder erreicht hat. Sie wollen anders leben. Sie wollen Wahrheit. Sie wollen wissen, warum ihr Land verwüstet, ihre Bäume abgeschlagen, ihre Luft verpestet wird, und wer davon etwas hat. Sie wollen Gerechtigkeit und daß wir endlich aufhören, andere Völker auszuplündern. Da wächst der Widerstand gegen einen Staat, der mit Arbeitslosigkeit, Umweltzerstörung und steigenden Selbstmordziffern nicht fertig wird und sich zur selben Zeit auf das größte militaristische Abenteuer der Geschichte einläßt. Dieser Widerstand hat tiefe religiöse Wurzeln. Das Bedürfnis nach einem gewaltfreien, gerechten Leben läßt sich nicht einfach ausrotten, da hilft auch die beste Propaganda nichts. Welchen Christus wollen die Politiker denn zulassen, wenn es der der Weihnachtsgeschichte und der Bergpredigt nicht sein darf? Welche Religion ist denn vernünftig, wenn die, die Frieden ohne Waffen schaffen will, als naiv verlacht wird? Welches Verhältnis zur Wahrheit ist denn noch denkbar unter dem Trommelfeuer einer Propaganda, die die Aufrüstung als »Nachrüstung« tarnt, den vernichtenden Erstschlag als »Verteidigung« bezeichnet und die Vorbereitung auf den nuklearen Holocaust als »Modernisierung der Waffen« verkauft? Wie weit darf denn unsere Nächstenliebe noch gehen, wenn ein zentrales Interesse unserer Regierung darin besteht, jeden Bürger in den östlichen Nachbarländern nicht neun-, sondern elfmal »glaubwürdig bedrohen« zu können?

Junge Menschen, die etwas suchen, für das sie ihr Leben geben können, etwas, das mehr ist als Karriere und Wohlstand, werden immer wieder entmutigt, lächerlich gemacht, bestraft und unterdrückt. »Wir haben schon Grund genug zum Weinen, auch ohne euer Tränengas«, schrieben Jugendliche in Zürich auf die Mauern ihrer Stadt. Sie haben ein tiefes Bedürfnis danach, glaubwürdig zu leben, und sie haben alles Recht darauf, mehr zu verlangen als das Fortschreiben des sogenannten Machbaren. Mit ihrer Kritik und ihrem Wunsch nach Umdenken sind sie in der besten jüdischen und christlichen Tradition. Denn diese Tradition hat seit alters von Umkehr, von Konversion, von Bekehrung gesprochen. Ihre Frage war nicht: Was ist machbar?, sondern: Was ist gerecht? Was ist der Wille Gottes in einer gegebenen Situation? Die Tradition besteht darauf, daß wir wissen können, was gerecht ist, daß uns gesagt ist, was Gott von uns will, daß wir wahrheitsfähig sind. Wenn wir diese Frage aufgeben und nur noch wissen wollen, was sich durchsetzen läßt, so haben wir die biblische Tradition verraten.

Den Hirten wird die Wahrheit zugemutet; sie haben mehr zu erwarten, als was die Pax Romana ihnen verspricht. Genauso heute: Den Armen in den Slums und Favellas wird der Friede Christi versprochen und nicht das Zugrundegehen unter der euroamerikanischen Weltherrschaft.

Wenn ich den protestierenden jungen Leuten in Zürich und Berlin und anderswo aufmerksam zuhöre, so scheinen sie mir zu sagen: *Das Machbare ist der Tod.* Wer sich auf das Machbare beschränkt, der zerstört seine eigene Fähigkeit, neu zu werden und umzudenken. Der gerät in ein Funktionieren hinein, in dem das Leben sich nur noch abspult. Man kann innerhalb der bestehenden Ordnung lang und schmerzfrei dahinvegetieren; Brot und Spiele werden den Massen immer wieder nachgereicht. Und doch wissen mehr und mehr Menschen, daß dieses Weitermachen friedlos ist; daß es uns vom Frieden Gottes ausschließt. Ich kenne diesen Zustand gut genug aus Zeiten, wenn ich überbeansprucht und gestreßt bin, und will versuchen, ihn zu beschreiben, damit man ihn wiedererkennt und versteht, warum ich sage: Das Machbare ist der Tod. Ich habe mich dann aus mir selbst zurückgezogen, so daß meine Haut gar nicht mehr berührungsempfindlich ist. Ich spüre nichts mehr. Ich bin nicht mein Leib, ich habe nur noch einen Körper. Ich erledige, was nötig ist, und es geht maschinenhaft. Meine Bewegungen sind tot. Nichts freut mich, nichts betrübt. Nichts erreicht mich wirklich. Ich esse, ohne hungrig zu sein, ich stopfe Informationen in mich hinein, die ich nicht brauche. Ich lebe nicht, sondern irgendeine Maschine hat mich besetzt. Ich bin tot, nicht wie ein Mensch, der gestorben ist, sondern wie ein Computer, der nie gelebt hat. Die Mystiker haben diesen Zustand die »Dürre der Seele« genannt. Ohne Wasser sein, ohne Grün, ohne Schatten. Ohne Beziehung, ohne Aussicht. Ein Dasein, das sich am Machen und am Machbaren orientiert, in dem nichts wächst oder blüht. Ich glaube, die meisten Menschen kennen dieses Abgeschnittensein und Zu-einer-Maschine-Werden ganz genau. Eine Arbeitsmaschine, eine Eßmaschine, eine Sexmaschine, eine Lesemaschine, eine Kaufmaschine. Dieses zerstörte Dasein nennen wir in der christlichen Tradition »ohne Gott sein«. Viele richten sich darin ein und merken nicht einmal mehr, daß das Machbare der Tod ist. Andere, wie die jungen Leute in Zürich, »haben schon Grund genug zum Weinen, auch ohne euer Tränengas«. Es gibt handfeste Gründe zu weinen für eine arbeitslose, ausbildungslose und zukunftslose Jugend, aber ich höre in diesem Schrei noch etwas anderes: die Sehnsucht nach Umkehr zum wirklichen Leben, die aus der Verzweiflung über das sogenannte Machbare kommt. Wir haben schon Grund genug zum Weinen. Das sind die Tränen, die Christus über Jerusalem weinte.

Um vorwärtszukommen, müssen wir die Richtung ändern und umkehren. Um zu lernen, müssen wir erst mal verlernen. Um lebendig zu bleiben, müssen wir neu geboren werden. Um Sinn zu finden, ist es nötig, den eigenen Sinn zu ändern. Kehrt um! Schlagt einen anderen Weg ein! Stellt die Ziele, die so selbstverständlich sind, daß man sie gar nicht mehr anfragt, in Frage. Überprüft die Lebensgewohnheiten, die wir gar nicht mehr als Routine bemerken, weil sie so tief in uns stecken. Leben ist Umkehr, ist Konversion. Leben heißt umkehren; stur dabeibleiben, weil man einmal so angefangen hat, heißt sterben. »Seht«, sagt der Engel in der Geschichte, das heißt, hört auf, blind zu sein. »Habt keine Furcht«, den falschen Frieden, der auf Gewalt und Lüge beruht, zu verlassen und den anderen Frieden, der auf Gerechtigkeit beruht, in euer Herz zu lassen.

Die Rangordnung von Werten in unserer Gesellschaftsform ist bezogen auf das Fortschrittsmodell. Ein Auto ist besser, wenn es schneller fährt, eine Weinernte ist besser, wenn es mehr Wein gibt, eine Atomrakete ist besser, wenn sie zielgenauer vernichtet. Alles, was schneller, größer und mehr ist, gilt auch als machbar und daher als erwünscht. Diese Rangordnung verklärt den technischen Fortschritt.

Das Christentum verkündet nicht den Fortschritt, sondern die Umkehr. Der direkteste Weg ist nicht der, der weiter in der eingeschlagenen Richtung führt, sondern das sich auf dem Absatz Herumdrehen und Neinsagen zu den Scheinzielen und den lebenzerstörenden Hoffnungen. Umkehr und Konversion sind nicht ein einmaliger Akt im Leben eines Menschen, sondern eine tägliche Übung, aus den Panzern, in die wir uns selber gesteckt haben, herauszukommen.

Ohne eine Änderung der Lebensrichtung geht alles so weiter wie bisher. Wir verfolgen dann weiterhin die Ziele, an die wir uns gewöhnt haben, wir klammern uns an das, was wir haben, wir laufen weiter in derselben Richtung, blind für das, was um uns herum geschieht, und taub für die Stimmen derer, deren Leben wir zerstören. Damit meine ich die Armen, die vom Verhungern nach wie vor Bedrohten, und ich meine die nächste Generation, der wir zumuten, mit unserem atomaren Müll und der von uns zerstörten Biosphäre zu leben.

Ab Anfang dieses Jahrhunderts hat in Frankreich ein einziges Unrecht, das einem jüdischen Offizier zugefügt worden war, eine ungeheure Welle von Anteilnahme, Empörung und Protest hervorgerufen. Ich rede über die Affäre Dreyfus, die mit dazu beigetragen hat, die Liga der Menschenrechte zu gründen. Am Ende dieses Jahrhunderts geschieht täglich und stündlich zum Himmel schreiendes Unrecht an Millionen von Menschen, deren einzige Schuld ist, mit der falschen Hautfarbe oder im falschen Erdteil geboren zu sein. Die meisten in der westlichen Welt haben sich daran gewöhnt, sie sind so sehr Maschine geworden, daß es sie nicht mehr berührt.

Wir nennen den Zustand, in dem wir leben, immer noch Frieden, so wie wir die Rüstung Vorbereitung auf den Ernstfall nennen. Aber in Wirklichkeit leben wir bereits jetzt in einem grauenvollen Krieg, dem Krieg der Reichen gegen die Armen, ein Krieg, der mit wirtschaftlichen Mitteln geführt und militärisch abgesichert wird. Jeden Tag fallen Tausende in diesem Krieg, sie sterben an Hunger und anderen durchaus heilbaren Krankheiten. Die amerikanische Friedensbewegung hat diese Tatsache in einem einfachen Satz zusammengefaßt: Die Bomben fallen jetzt. The bombs are falling now. Die Aufrüstung ist nicht die Vorbereitung auf einen militärischen Konflikt in der Zukunft, sondern sie ist der Krieg, den wir bereits haben und in dem jeden Tag fünfzehntausend Menschen fallen, weil sie nichts zu essen haben. Der Zustand der absoluten Armut ist nicht auf ein Fehlen von natürlichen Reichtümern oder einen Faktor wie Überbevölkerung zurückzuführen, sondern auf den wirtschaftlichen Krieg, den der Norden gegen den Süden führt. Die Bomben, die wir hier produzieren, fallen jetzt. Auf die Armen.

Kehrt um! Pflügt ein Neues! »Auf der Erde: Gottes Frieden! Frieden allen, die er liebt.« – Wovon sollen wir uns bekehren und wohin? Ich glaube, das läßt sich mit einfachen Worten sagen. Das System, unter dem wir leben, ist auf Geld und Gewalt aufgebaut, Geld und Macht sind die höchsten Ziele des falschen Friedens, unter dem wir leben. Ich erinnere mich an eine Szene in einem deutschen Elite-Gymnasium, als ein Junge ein halbes Jahr vor dem Abitur nach seinen Berufsplänen gefragt wurde. Er wisse es noch nicht so genau, so sagte er, aber Hauptsache, es bringt genug. Eine bemerkenswert offene Aussage. Etwa zur gleichen Zeit veröffentlichte die Frankfurter Allgemeine Zeitung eine Anzeige unter dem Titel »Ein Viertel Ihres Goldgewinns in die Rüstung stecken!«. Zur Begründung hieß es: »Amerika stockt den Rüstungsetat um fünfzehn Milliarden Dollar auf! Das ist der erste Anstoß. Dem folgen über kurz oder lang die Anschlußorders, ergo die Anschlußrüstung in der Nato und in anderen Staaten. Fünfzig Milliarden Dollar... das ist die Schätzung für den gesamten westlichen Rüstungsmehraufwand.« Da damit die Rüstungskonzerne »auf eine neue Ertragsbasis« gestellt werden, empfiehlt die Anzeige Ankäufe von erstklassigen in der Rüstung tätigen Konzernen.

Ich erzähle diese beiden Geschichten von dem Abiturienten, der vor allem verdienen will, und der Anzeige, die zur finanziellen Rüstungsspekulation aufruft, um klarzumachen, was die Reichen in unserer Gesellschaft planen und wollen. Es ist Geld und Gewalt, und da ist selbstverständlich ein Zusammenhang. Es ist für den jungen Mann objektiv gleichgültig, ob er sein Geld durch Geschäfte oder durch Bodenspekulation verdient; objektiv richtig ist auch die Anzeige, die auf das derzeit beste Geschäft hinweist. Das Machbare ist der Tod. Den Hirten wird nicht Geld und Gewalt versprochen, sondern der Befreier von diesem System. Geld und Gewalt gehören zusammen. Unser Wohlstand ist selbst eine gewalttätige Angelegenheit und muß daher durch immer mehr Gewalt und militärischen Terror (»Abschreckung«) geschützt werden. Wir alle sind in diese Herrschaft von Geld und Gewalt verstrickt, und sei es nur durch unsere uneingestandenen Wünsche, auch an Geld und Gewalt teilzuhaben. Der Abiturient, der schon gelernt hat, worauf es ankommt, liest die Frankfurter Allgemeine; ihre Anzeigen formen sein Weltbild. Wie können wir uns aus dieser Herrschaft befreien? Wie können wir zu den Hirten gehören und eine Botschaft des Friedens werden, aus der die Armen Hoffnung schöpfen und nicht erneute Bedrohung? Wie können wir umkehren und aufhören, die Götzen Geld und Gewalt zu verehren?

Wir leben nicht in El Salvador, und doch können wir auf die Stimmen der Armen hören. Die wichtigste Botschaft, auf die wir als Christen in der BRD zu hören haben, ist die Botschaft der Armen, ihre Anklage und ihre Vorschläge zu gerechterer Verteilung. Das Antirassismusprogramm des Weltrats der Kirchen, das Befreiungsbewegungen unterstützt, ist ein Beispiel dafür, wie wir als Gemeinden auf die Armen hören können. Wer das in den letzten Jahren versucht hat, der wird immer mehr in das Anliegen der Armen und in ihre Hoffnungen hineingezogen. In diesem Sinne lassen wir uns von den Armen evangelisieren und wenden uns immer mehr ab von den Götzen unserer eigenen Gesellschaft. Wenn die Armen die Botschaft von Weihnachten an uns werden, dann kehren wir um und suchen das wirkliche Leben. Wir fangen an, Gott zu lieben und nicht Geld und Gewalt.

Mit »Gott lieben« meine ich etwas ganz Konkretes, das wir alle hierzulande sehen und erleben können. Das ist die Friedensbewegung, diese große Hoffnung auf Umkehr in unserem Volk, die Abkehr von Geld und Gewalt, die unseren Wohlstand sichern sollen, und die Hinwendung zu dem Gott, der Leben gibt. Bekehrung ist nicht etwas, das die Kirchen von den übrigen Menschen predigend verlangen: Sie geschieht schon hier, vor unseren Augen. Menschen, die lange genug geschlafen und geschwiegen haben, die alles mit sich machen ließen und unter der Zwangsherrschaft von Geld und Gewalt wie Tote waren, stehen auf für den Frieden und gegen die brutalste Form der Gewalt, die über uns herrscht, die atomare Aufrüstung.

Ich muß ehrlich sagen, ich hätte nicht gedacht, daß aus der Kirche, der evangelischen Kirche in Westdeutschland, die ich so oft als ein Grab Christi empfunden habe, so viel Befreiung und Leben hervorgehen kann. Aber Gott schafft sich aus Steinen Söhne und Töchter, die zum Frieden anstiften, und warum nicht auch aus den Gemeinden?

Vor einigen Jahren haben sich viele der nachdenklichsten Menschen, die ich kenne, in die Dritte Welt gesehnt, weil die Kämpfe dort klarer, die Fronten eindeutiger, die Hoffnungen unmittelbarer sind. »Ich wünschte, ich wäre in Nicaragua«, schrieb mir ein Student, »da wäre das Leben als Christ möglich.« Vielen von uns erschien es so, als könne man Christus nur an der Seite der Armen finden und nicht im Kontext der Ersten Welt. Ich vermute, in dieser Sache hat sich etwas geändert. Wir leben nicht in El Salvador, aber unter der Herrschaft der Nato. In ihren Planungsbüros wird über unser Leben und das anderer Völker entschieden. Dort werden die falschen Götzen angebetet, und der Gewaltherrschaftfriede wird ohne Gott geplant. Dorthin gehört unser Kampf. Unsere historische Aufgabe ist der Kampf für den Frieden und gegen den Militarismus. Das ist unsere Teilnahme als Christen in der reichen Welt an den Befreiungskämpfen der Armen in der Dritten Welt.

Niemand, der sich mit den Armen verbunden fühlt, hat heute noch Grund zu verzweifeln und sich in sinnlose Akte der Zerstörung und der Selbstzerstörung zu stürzen. Niemand, der die Partei der Armen ergriffen hat und ihren Frieden, den Frieden Gottes, sucht, muß noch Bomben basteln oder sich zu Tode hungern. Seit der Nato-Entscheidung vom Dezember 1979, die die Gewaltherrschaft des Terrors verewigen soll, wissen wir, wo unser El Salvador ist. Unser Vietnam. Unser Soweto. Unser Befreiungskampf und unsere Konversion von Geld und Gewalt zu Gerechtigkeit und Frieden. »Habt keine Furcht!« sagt unser Text. Das hat mich manchmal verwirrt, weil mir nicht klar war, zu wem es gesagt ist. Ich hatte immer gelernt, daß man beim Umgang mit der Bibel darauf achten muß, zu wem etwas gesagt wird. Wer wird denn in der Bibel angesprochen mit »Fürchte dich nicht!«? Doch vor allem die, denen Unrecht geschieht, die aus ihrer Heimat vertrieben sind, die arm sind oder bedroht, verlassen oder verängstigt. Die hochschwangere ledige Mutter Maria, und Josef, der ihr keine anständige Unterkunft bezahlen kann. Die Hirten, nicht die Könige. Die Unrecht leiden und nicht die, die vom Unrecht profitieren. Die von einem Feind bedroht werden und nicht die, deren Interesse ist, andere Völker glaubwürdig zu bedrohen, wie unsere Sicherheitsexperten sich ausdrücken. Als ich dann andere Stellen nachschlug, in denen das Trostwort »Fürchte dich nicht« auftaucht, fand ich es fast immer im Zusammenhang mit Worten, die die Wiederherstellung von Recht und Gerechtigkeit betonen. »Stärket die schlaffen Hände und festigt die wankenden Knie! Sagt zu denen, die verzagten Herzens sind: Seid getrost, fürchtet euch nicht! Siehe da euer Gott! Rache zu üben kommt er! Es kommt die Vergeltung Gottes, er selbst kommt und hilft euch. Alsdann werden die Augen der Blinden aufgeschlossen und die Ohren der Tauben aufgetan. Alsdann wird der Lahme springen wie ein Hirsch, und die Zunge der Stummen wird jauchzen, denn in der Wüste brechen Wasser hervor und Bäche in der Steppe, und der glühende Sand wird zum Teiche und das durstige Land zu Wasserquellen« (Jesaja 35,3–6).

Das ist ein Text für ein heimatvertriebenes Volk. Ein Text für die Armen, nicht für die Reichen. Ist es auch ein Text für uns? Ist es auch ein Trost für uns? Die Antwort auf diese Frage ist einfach: Ja, sofern wir uns auf die Seite der Armen stellen. Ja, wenn wir ihren Schrei hören und ihre Forderung aufnehmen, bis auch die letzte Mittelstreckenrakete in Pflüge und Traktoren, in Landapotheken und Bewässerungsanlagen verwandelt ist. Auf der Seite der Armen, in dem Krieg, den unsere eigene Klasse gegen sie führt, spricht Gott zu uns. Fürchtet euch nicht! Sie werden mit Knüppeln und Gas und Hunden kommen – aber fürchtet euch nicht. Siehe da euer Gott. In der Wüste brechen Wasser hervor.

Fürchte dich nicht!

Die Herrschenden können die Schrift an der Wand
nicht mehr übersehen
die Beherrschten kehren sich ab vom Kopfnicken
die Waffenhändler wagen nicht mehr
über die am Boden liegenden zu steigen
die Bischöfe geben die schlüpfrigen Reden auf
und sagen nein
die Freunde Jesu blockieren die Straßen des Overkill
die Schulkinder erfahren die Wahrheit
woran sollen wir einen Engel erkennen
außer daß er Mut macht wo Angst war
Freude, wo nicht mal mehr Trauer wuchs
Einspruch, wo Sachzwang herrschte
Abrüstung, wo Terror glaubwürdig drohte
Fürchte dich nicht, der Widerstand wächst.

Das Gedicht ›Fürchte dich nicht!‹ stammt aus Dorothee Sölles Gedichtband ›Spiel doch von Brot und Rosen‹ im Wolfgang Fietkau Verlag, Berlin 1981.

Ingeborg Drewitz
Gegenbild der Erdenwirklichkeit

Die Weihnachtsgeschichte ist eine modellhafte Erzählung. In knappster Form wird die Situation eines Landes und seiner Bürger beschrieben, die dem fremden, dem römischen Kaiser untertan sind, der Steuern eintreiben will. Eine Verordnung. Ein Befehl. Auch die Provinz wird benannt, das Land der Juden ist nur eine Unterprovinz Syriens im Römischen Reich.

Vorstellbar die Menschen auf den Straßen und Eselspfaden, die zum Ort ihrer Eintragung, dem Herkunftsort der Familie wandern. Da werden viele junge Paare unterwegs sein, viele schwangere Frauen, und die Wirte werden allerorts ihre Geschäfte machen. Eine ganz und gar gewöhnliche Situation für eine römische Provinz: Die Erhaltung des Großreiches kostet, die Heere kosten, die dieses Reich schützen und ja noch vergrößern helfen sollen. Ordnung kostet. Macht kostet.

Aber kein Aufbegehren, auch in der Unterprovinz westlich des Jordantales nicht, obwohl wir doch aus anderen Quellen wissen, wieviel Unruhe im Land ist, die sich noch nicht formiert hat.

Und da in diese Ameisenstraßen- und Wege-Wanderung hinein wie nebenbei angemerkt, daß Joseph aus Davids Haus ist, dieser gewöhnliche Mann aus Nazareth, der sich in Bethlehem eintragen muß. Hoffnungen klingen durch, noch in der Geschichte verschwiegen, Hoffnungen eines Volkes mit einer ungewöhnlichen Kultur der Sprache und Schrift, Hoffnungen, seit Jahrhunderten weitergegeben, Hoffnungen auf den König aus Davids Geschlecht, vielleicht Hoffnungen auf die Wiederherstellung Groß-Israels. Doch mit der Sparsamkeit, zu der eine große Erzähltradition erzogen hat, wird die sensationelle Anmerkung nicht aufgebauscht, wird protokollarisch knapp die Geburt des Sohnes registriert, die Unterkunft im Stall angemerkt. Die Wirtshäuser werden überfüllt gewesen sein. Und wer aus Nazareth kam, hatte doch einen weiten Weg, kam zu spät, um Quartier zu finden.

Nun aber hält es den Erzähler nicht mehr. Nun bricht die bis dahin zurückgehaltene Erwartung aus ihm heraus. Nun läßt er den Ärmsten der Armen, den wundergläubigen, den Hirten, den Engel erscheinen, der die seit Jahrhunderten weitergegebenen Hoffnungen ausspricht. Der Messias, der Befreier aus Davids Geschlecht ist in der Stadt Davids geboren worden. Nun bricht die Traumwelt dieser Ärmsten der Armen auf, sehen sie die Scharen der Engel, der Sterne, die sie Nacht für Nacht beobachtet haben, und begreifen, was über ihren Verstand, was über ihre Erfahrung hinausreicht: Die Harmonie der wandernden Sterne (Kant wird vom »gestirnten Himmel über mir« sprechen; die Astronomen heute werden die mit Jahrmillionen nicht zu begrenzende Ausdehnung der Galaxien und ihre kreisenden Ordnungen benennen). Sie begreifen die Stille, die großartige, friedliche Ordnung des Himmels, so wie sie ihn mit bloßem Auge sehen, dieses Gegenbild der Erdenwirklichkeit im roten Sandsturm, mit ausgedörrten Flüssen, mit verendendem Getier und den Palästen der Herrschenden, der römischen Verwaltungsbeamten, der Pharisäer des eigenen Volkes.

Begreifen. Sind überwältigt. Ahnen, wissen für Augenblicke, was sein kann. *Was sein könnte.*

Der Erzähler spart aus, was die Hirten denken, ob sie an Übergriffe römischer Soldaten denken, ob sie von Groß-Israel träumen, ob sie an ein eigenes Lehmhäuschen in Babylon denken und wie andere ihre Herden weiden. Er hält inne, damit die Vision vor allen, die die Geschichte hören, stehenbleibt.

Und so ist sie über zwei Jahrtausende hin stehengeblieben, in Tausenden und Tausenden von Bildern festgehalten. Dazu die Mutter und das Kind, das Bild von der Unsterblichkeit der Menschen.

Kaum erstaunlich, daß in Zeiten von Krieg und Flucht und Hunger und Heimatlosigkeit die Geschichte der Geburt in der Armut, die Geschichte der Hoffnung immer wieder erzählt worden ist und wird.

Ich denke an die Heimarbeiter im Erzgebirge, die die Figuren der Weihnachtsgeschichte aus dem Sperrholz schneiden, bemalen und auf die hölzernen Pyramiden kleben; ich denke an das vorgedruckte Bild der Maria mit dem Kind in dem kahlen zugigen Betraum der Favela über Rio de Janeiro; ich denke an den Gottesdienst in Harlem, an die heisere Stimme des Reverend, an den schleppenden, zur Ekstase sich steigernden Gesang der Gemeinde; an die Ikonen im flackernden Licht der wandernden Kerzen in Leningrad, hier kam die Achmatowa zum Beten, flüstern sie uns zu; ich denke an die Mütter mit den Kindern im Arm in den stinkenden Slums von Casablanca; an die Mütter mit den spitzengewandeten Täuflingen in Warschau im Herbst

1980; ich denk auch an Michelangelos unvollendete Pieta im Palazzo Sforza in Mailand, die Pieta Rondandini, vierzig Tage vor seinem Tode begonnen, die verzweifelte Kraft der Maria, die den sterbenden Jesus stützt, das immer neue, das uralte Ende der Hoffnung von Bethlehem. Und ich denke an die kitschigen Kunststoffkrippen in den Warenhäusern der Großstädte und an die Kinder, wie sie davor stehen, einfach weil das hübsch und so anders ist, Tiere statt Autos, kein Fernseher dabei, aber das Licht um die Köpfe Marias und des Kindes. Und dann sitze ich auf dem Ölberg, da, wo sie Else Lasker-Schüler begraben haben, und Jerusalem türmt sich jenseits des Tales, die Kuppeln glänzen, die Fenster spiegeln, der Gestank und die Streifenpolizisten in den engen Gassen sind vergessen, und die Angst vor Bomben und Sprengstoff in dem unerforschten Labyrinth der Gänge, die die Stadt durchziehen. Ein Bild des Friedens so aus der Ferne, eines Friedens, den die aus Berlin vertriebene Dichterin hier nicht gefunden hat vor dem Tod, wie ihn der in Bethlehem Geborene hier nicht gefunden hatte in der Gründonnerstagnacht, ehe sie ihn verschleppten und folterten und kreuzigten. Frieden. So unerreichbar noch immer, so quälend nah noch immer.

Die Komposition der Weihnachtsgeschichte bewahrt die Vision, weil sie sie in den realen Bericht einbindet. Die Bevölkerung der Provinz Syrien und aller Unterprovinzen wandert über Straßen und Eselspfade, um sich als Steuerpflichtige eintragen zu lassen. Wer sich weigerte, würde von Soldaten auf den Weg getrieben werden. Die Straßen und Wege wimmeln von Menschen, die Gasthäuser sind überbelegt. Sicher viel Wut, viel Geschimpfe. Und da das andere Bild, über die Alltagsenge gewölbt. Hoffnung? Trost? Die Spannung bleibt ungelöst – durch Jahrtausende.

Martin Gregor-Dellin
Joseph – das eigentliche Wunder

Mit Joseph, dem Zimmermann aus Galiläa, hat es eine seltsame Bewandtnis: Jeder kennt ihn aus der Weihnachtsgeschichte, aber keiner weiß etwas Rechtes von ihm. Das Lexikon nennt ihn den Nähr- oder Ziehvater Jesu aus Nazareth, in theologischen Schriften kommt sein Name kaum vor, die christliche Sage läßt ihn Maria erst in höherem Alter heiraten, um von der Frage einer ehelichen Gemeinschaft abzulenken (in der Bibel steht davon nichts). Joseph gehört zwar zu den Schutzpatronen der katholischen Kirche, aber eine ordentliche Biographie, mit Anfang und Ende, hat er nicht aufzuweisen. Auf eigentümliche Weise verschwindet er aus der Gottesgeschichte: Er wird nicht mehr erwähnt. Es ist anzunehmen, daß er vor Beginn des Lehramts und der Passion Jesu gestorben ist, denn nach dem zwölften Lebensjahr des Nazareners wird nur noch von der Mutter Jesu und den Brüdern gesprochen.

Daß man von Joseph so wenig erzählen kann, nicht einmal, wie alt er wurde, wo er starb und wie er aus der Geschichte abhandenkam, mag noch hingehen. Aber auch in den Künsten, die sich solcher verrätselten Figuren mit Vorliebe annehmen, wird er stiefmütterlich behandelt. Kein Roman, soweit ich sehe, kein Oratorium und keine Kantate über den Zimmermann. Die Lieder, Verse, Sprüche zählen ihn immer als letzten auf oder nehmen ihn nicht ganz für voll: Ach Joseph, lieber Joseph mein. Noch der heiter-verzweifelte Stoßseufzer Jesusmariaundjoseph endet mit ironischem Stirnrunzeln: Was, guter alter Mann, wirst du schon ausrichten! In der bildenden Kunst schneidet er zuweilen ausgesprochen schlecht ab: Er blickt aus seitwärts gestellten Augen auf Maria und das Kind, wenn er nicht geradezu aus dem Kreis der Anbetenden verdrängt wird. Ein Zweifler, ein Ungläubiger? Wird das seiner Rolle gerecht? Bestenfalls taugt er als Statist in lebenden Bildern oder Krippenspielen, eine beliebte Charge, ein Charakterkopf auf den Legendenbildchen der Heiligen Familie im einträchtigen Idyll an der Wiege im Stall, umgeben von Kühen, Schafen und Hunden. Wie denn auch nicht: Da gehört er hin, es ist nichts Besondres daran, die Feier einer Geburt vereinigt alle in Eintracht. Sein Fehlen wäre undenkbar und würde gar zu übel vermerkt. Denn für einen Augenblick oder zwei hat die

Überlieferung ihn sogar zu einer Hauptfigur gemacht. Einmal, wenn er aufbricht aus der Stadt Nazareth, um sich in die Zähllisten eintragen zu lassen mit Maria, seinem angetrauten Weibe. Er wird für die Unterkunft gesorgt haben unterwegs, mit nicht sehr großem Erfolg, wie man weiß. Alles ist überbelegt, die zu Zählenden drängen sich in der Nähe der Hauptstadt, es bleibt in der Herberge nur ein Stall, in dem Maria von der Niederkunft überrascht wird. Da steht Joseph dann seinen Mann, da er nun einmal aus diesem und jenem Grunde in die Geschichte geraten ist. Er ist das fünfte Rad am Wagen der Heilsgeschichte, nicht gerade ungeliebt, doch eher mit skeptischer Reverenz begleitet und zeremoniell verehrt, wenn es denn schon sein muß, als Vaterfigur honoris causa, Joseph der Uneigentliche.

Daß er arm war oder jedenfalls mit irdischen Gütern nicht gesegnet, geht aus der Erzählung des Evangelisten Lukas hervor, wonach Maria und Joseph anstatt eines Lammes, wie damals vorgeschrieben, zwei junge Tauben im Tempel opferten. Das war nur den Armen gestattet. Auch alle übrigen Umstände deuten auf die beschränkten Verhältnisse der Zimmermanns-Familie hin, und wohl nicht von ungefähr macht sich Jesus später zum Anwalt der Armen. Er wird Entbehrungen aus der eigenen Familie gekannt haben. Hatte es Joseph als Handwerker nicht weit gebracht? Wie lebte ein Zimmermann im Lande Galiläa? War das Land verelendet, von Besatzungssoldaten ausgeplündert? War Joseph, dieser große Schweiger der Bibel, von dem kein einziger Ausspruch überliefert ist, ein in sich gekehrter, grüblerischer, tatenarmer Mensch? Sonderbar doch, daß er zu den wenigen bedeutenden Entschlüssen seines Lebens fähig ist. Von seiner zweiten wichtigen Tat – sofern wir das Wichtigere nicht noch in ganz anderen, inneren Vorgängen erblicken werden – muß noch die Rede sein. Als ihm nach der Geburt Jesu, nachts im Traum, Gott oder eine Eingebung befiehlt: Stehe auf, nimm die Mutter und das Kind und fliehe mit ihnen vor den Häschern des Herodes eiligst ins Ägyptenland und bleibe dort so lange, bis ich dich rufen werde – da zögert er keinen Augenblick, bei der Nacht aufzubrechen und die weite Reise nach Ägypten anzutreten, um das Kind zu retten. Beherzt rafft er sich auf, und ebenso schnell und resolut befolgt er den Befehl des Engels, heimzukehren ins Land Israel und sich vor der Stadt Nazareth anzusiedeln. Womit sich seine äußere Biographie auch schon erschöpft. Ein Mann, der nur dem Rufe folgt und dann abzutreten hat. Oder war er mehr als das?

Das Matthäus-Evangelium beginnt sozusagen mit einem genealogischen Paukenschlag. Hier wird Jesu Stammbaum von Abraham über David herabverfolgt, einer zeugt den andern bis zu Joseph, den Mann Marias, »von welcher ist geboren Jesus, der da heißt Christus«. Das ist der Wortlaut. Nicht mehr zeugt Joseph auch Jesus. Zwischen Joseph und Jesus drängt sich die ganze theologische Problematik der unbefleckten Empfängnis, und es scheint, als habe das Bewußtsein dieser Problematik, der Blickwinkel der Gottesherkunft, bereits den Autoren der Evangelien die Feder geführt und Joseph aus dem Neuen Testament eiligst wieder hinausbefördert. Wir wollen vom Glauben keine Beweise fordern, denn der Glaube setzt das Unmögliche voraus. Die Figuren des Neuen Testaments sind jedoch auch Menschen wie unsereins, die Bibel erzählt Menschengeschichte, und daß die Verfasser der Evangelien Joseph in dieser Hinsicht nicht ganz gerecht werden, da sie seinen tiefen menschlichen Konflikt angesichts der Schwangerschaft Marias mit wenigen Worten erledigen und dann nie mehr darauf zurückkommen, als handle es sich um das Selbstverständlichste der Welt, muß im Grunde unbefriedigt lassen. Denn die Situation, in die Joseph gerät und die alle Möglichkeiten schmerzvoller Beunruhigung für ihn bereithält, stellt ihn vor eine moralische Entscheidung, die der näheren Betrachtung wert ist. Eine einzige Stelle des Neuen Testaments gibt darüber Auskunft. Es sind die Verse 18 bis 25 im ersten Kapitel des Matthäus. Sie lauten:

»Als Maria dem Joseph vertrauet war, fand sich's, ehe er sie heimholte, daß sie schwanger war von dem heiligen Geist. Joseph aber, ihr Mann, war fromm und wollte sie nicht in Schande bringen, gedachte aber, sie heimlich zu verlassen. Indem er aber also gedachte, siehe, da erschien ihm ein Engel des Herrn im Traum und sprach: Joseph, du Sohn Davids, fürchte dich nicht, Maria, dein Gemahl, zu dir zu nehmen; denn das in ihr geboren ist, das ist von dem heiligen Geist ... Da nun Joseph vom Schlaf erwachte, tat er, wie ihm des Herrn Engel befohlen hatte, und nahm sein Gemahl zu sich; und er erkannte sie nicht, bis sie ihren ersten Sohn gebar; und hieß seinen Namen Jesus.«

Der Text der Luther-Bibel von 1545, von der sich meine vergleichsweise altertümliche Übersetzung vom Jahr 1915 noch nicht sehr weit entfernt hat, weist einen feinen Unterschied und eine Erläuterung Luthers auf, und zwar an der Stelle: »Joseph aber, ihr Mann, war fromm und wollte sie nicht in Schande bringen.« Da steht im originalen Luther-Text: »Joseph aber jr

Man war from und wolt sie nicht rügen.« Und am Rand fügt Martin Luther dem »Rügen« eine Bemerkung hinzu: »Das ist / Er wolt sie nicht zu schanden machen fur den Leuten / als er wol macht hatte nach dem Gesetze. Vnd rhümet also S. Mattheus Joseph frömkeit / Das er sich auch seines Rechten / vmb liebe willen / verzihen hat.« Mit anderen Worten: Joseph entschied, Maria nicht der gesellschaftlichen Ächtung preiszugeben, und damit rettete er ihr und dem Kind das Leben. Nach jüdischem Recht wäre sie vermutlich gesteinigt worden. Luther kann sich nicht versagen, noch einmal ausdrücklich Josephs Güte herauszustreichen, da er nicht dem Gesetz, sondern dem Gebot der Liebe folgte, als er Maria verzieh.

Und zu verzeihen gab es allerdings eine ganze Menge. Der Bibeltext enthält mehr, als Matthäus ausspricht. Die wenigen Verse bergen das größte Skandalon des Neuen Testaments, Jesu unbegreifliche Herkunft, die – zu einem Zeitpunkt, da noch kein Stern erschienen ist und die Engel nicht singen – für Joseph eine Zumutung bedeuten muß und seinen guten Glauben überfordert. Was Maria ihm auch geantwortet haben mag auf seine Fragen, immer vorausgesetzt, er habe überhaupt gefragt und nicht geschwiegen; was sie ihm auch erzählt haben mag von der Stunde ihrer Erwählung oder wovon immer – wer ist Joseph, daß er ihr glauben kann? Hier deutet sich eine Verwicklung an, die sich im griechischen Drama oder in der nordischen Sage gewiß zu blutigen Exzessen ausgewachsen hätte, zu einer Geschichte von Schwur, Treue und Verrat, von Mißtrauen, Rache und Untergang. Auch der biblische Autor läßt zumindest durchblicken, daß über einen so ernsten Konflikt kein Mensch leichten Herzens hinweggehen kann. Das ist ja doch jedermanns Geschichte oder könnte es sein: Ein Mann erwählt sich eine Frau, will sie heimführen, findet sie aber schwanger ohne sein Dazutun. Wie wird er reagieren? Wird er seine Wut an ihr auslassen? Überläßt er die Schwangere ihrem ungewissen Schicksal?

Joseph, heißt es, ist fromm, nämlich guten Herzens. Er liebt das arme Mädchen zu sehr, als daß er sie ins Unglück zu stoßen vermöchte. Aber neben der Untreuen kann er auch nicht leben. Daher will er sich heimlich aus dem Staube machen, die Zeit wird heilen. Dann kommt ihm die Eingebung. Nicht erscheint ihm ein zürnender Gott im Dornbusch, sondern im Traum spricht der Engel zu ihm: Dieser, der geboren werden wird, ist vom Heiligen Geist. Was ja dem guten Mann auch nicht gerade eine sehr eingängige Erklärung gewesen sein wird. Es ist niemals wieder die Rede davon, was er sich dabei gedacht hat. Und niemals, wenn wir den Texten trauen dürfen, verliert er darüber ein einziges Wort.

Was bedeutet das alles? Auch Luther muß, als er sich bei Josephs Konflikt aufhielt, gefühlt haben: Dieser Mann hat Liebe. Er betrachtet das Kind im ganz wörtlichen Sinn als Gottesgeschenk. Mir erscheint das als das eigentliche, noch vorchristianische und vorchristologische Wunder des Neuen Testaments und der christlichen Überlieferung. Joseph vertraut seiner Frau, sie mag zur Welt bringen wen immer, er wird nicht schwankend werden und nicht weichen. Zu Unrecht haftet an ihm der Ruch des Zweiflers. Sein Verhalten nach der Geburt Jesu liefert beredte Beispiele. Joseph schafft eine Liebestatsache. Wenn Friede herrschen soll unter den Menschen, dann beginnt er so: mit Vertrauen. Damit rückt Joseph zu einer zentralen Gestalt nicht nur der Weihnachtsgeschichte, sondern einer Theologie auf, die das Christentum als Liebesreligion begreift.

Das Verhalten der Eltern fordert aber auch dazu heraus, die Folgen für den Sohn zu bedenken und sich sein Vaterbild genauer vorzustellen. Denn einmal fragt jeder Sohn nach seinem Vater. Auch Jesus, so versichert uns die Kirche, ist ja Mensch und nicht gleich der Heilsbringer, der Erlöser, der Religionsstifter oder der König der Juden, sondern ein Kind, ein Halbwüchsiger, der im Tempel sitzt und den Lehrern lauscht, wobei alle seinen scharfen Verstand bewundern. Wann wird er sich Gedanken über seinen so wortkargen und ausdrucksarmen Vater Joseph gemacht haben? Vor oder nach dessen Tod? Es gibt weder einen Hinweis, daß die Mutter ihn über seine Herkunft aufgeklärt habe, noch bringt Maria selbst von Anfang an allzuviel Verständnis für die Mission des Sohnes auf. Als Jesus in jungen Jahren den Eltern einmal davonläuft und sie ihn in Jerusalem suchen und finden und die Mutter zu ihm spricht: »Mein Sohn, warum hast du uns das angetan? Siehe, dein Vater und ich haben dich mit Schmerzen gesucht«, da antwortet er ihr: »Was ist's, daß ihr mich gesucht habt? Wisset ihr nicht, daß ich sein muß in dem, das meines Vaters ist?« Und der Evangelist Lukas fügt hinzu: »Und sie verstanden das Wort nicht, das er mit ihnen redete.« Hatten sie ein so kurzes Gedächtnis? Oder lebten sie so sehr in Treu und Glauben miteinander, daß sie verdrängt hatten, was sich vor der Geburt des Sohnes abgespielt hatte?

Wenn aber der Sohn den Eltern um so vieles voraus war, könnte er dann nicht die Mutter gefragt haben: Wer ist jener Mann dort, der ein bißchen müde aussieht und als mein Vater ausgegeben wird? Bin ich der Sohn des Zimmermanns? Was kann eine Mutter antworten, außer – aber lassen wir die Antwort noch ein wenig anstehen. Wenn die Frage jedoch niemals laut wurde, was entsteht dann aus einem so verunsicherten Vaterbild? Das sind Überlegungen, die weit hergeholt oder unangebracht erscheinen mögen, die aber von der Theologie gleichwohl nie ganz ausgeschlossen worden sind. Ich meine nicht nur jene kritische Theologie, die die unbefleckte Empfängnis und damit die leibliche Gottessohnschaft Jesu zur Disposition stellt, sondern durchaus auch die streng orthodoxer Überlieferung. Nicht einmal die katholische Theologie knüpft die Gottessohnschaft Jesu im Prinzip an die Voraussetzung, daß es gar keine leibliche Vaterschaft gebe, daß also die Teilnahme Josephs an der uns überkommenen Geschichte Christi geleugnet werden müßte. Betrachten wir aber Jesus als historische Gestalt – was sie nebenbei auch ist – und hinsichtlich der anderen Seite seines Wesens, nämlich als Mensch, so muß auch die Frage nach seinem möglichen Vaterverständnis aufgeworfen werden können.

Es gehört zu den meisten Erlöser-Mythen – Herkules, Siegfried, Jesus –, daß ihre Herkunft im dunkeln bleibt und der Vater ins Rätsel gehüllt ist. Da die Evangelien keine historischen Schriften, sondern Verkündigungsschriften sind, also dem Zwang zur historischen Treue gar nicht unterliegen (wie Hans Küng bemerkt), bedeuten Genealogien so gut wie nichts. Jesus ist »der Sohn«, und der Begriff vermengt messianische und genealogische Herkunft auf vielbedeutende Weise. Befänden wir uns nicht gerade in der Familie des Zimmermanns mit ihren religionsgeschichtlichen Folgen, so würden wir wohl von der Notwendigkeit sprechen, daß sich der Sohn unter solchen Umständen ein Über-Ich erfindet. Im psychologischen Sinn wird die Geschichte der Vater-Verrätselung zur Einsetzung eines Vaters durch den Sohn. Wenn Gott sich nicht nur den Menschen erschaffen hat nach seinem Bilde, sondern auch der Mensch Gott nach dem Bilde des Menschen, so heißt der christliche Gott zu Recht »Vater«.

Wir wissen nicht, ob der Sohn seine Mutter gefragt hat, wer Joseph sei. Und wir wissen auch nicht, ob Maria antwortete, sofern er gefragt hat. Davon steht nichts im Neuen Testament, und es sei uns fern, es mit romanhaften Dialogen auszuschmükken. Wenn aber Maria eine Antwort gewußt hat – und dafür liefert uns das Matthäus-Evangelium nun tatsächlich die Anhaltspunkte –, so könnte sie nur lauten: Siehe, Joseph hat mich geliebt! Das beläßt zwar Joseph in der Ferne des Geheimnisses, aber nicht er ist mehr der Zweifelnde, sondern die andern sind es, die sein Handeln ins Zwielicht ziehen, die nicht glauben, wie er geglaubt hat. Der große Schweiger hat sein Geheimnis mit ins Grab genommen, das keiner kennt. Genug, er hat geliebt, eine friedensstiftende Gestalt von stummer Würde, ein milder Mann, sympathisch, weise und menschlich – das eigentliche Wunder.

HEINZ FLÜGEL
Zwischen Mythos und Utopie

Ich wäre glücklich, wenn ich den Text so unbefangen lesen könnte, wie wenn er mir zum ersten Male begegnete, als ließe sich vergessen, was ich darüber in der Kirche so und so oft, von erbaulichen Liedern umrahmt, zu hören bekam. Ich möchte ihn lesen wie ein Atheist oder vielleicht wie ein Jude, frei von dem christologischen Dogma, das die Legende der Geburt Jesu in eine historische Nachricht, an die zu glauben gefordert wird, umfunktioniert hat.

Wenn der Glaube an Christi göttliche Zeugung und seine Geburt von einer Jungfrau die conditio sine qua non für einen Christen sein sollte, dann muß ich deutlich bekennen, daß ich kein Christ, um so überzeugter allerdings ein Jesuaner bin. Der Gott des frommen Juden Jesus ist nicht ein olympischer Zeus, der sich mit Menschentöchtern, Königstöchtern, vereinigte. Nebenbei, aber doch nicht nur nebenbei gesagt: Diese uralten archetypischen Mythen sind mir in hohem Maße bedeutungsvoll. Ihre innere Wahrheit besitzt Geltung jenseits der historischen Realität. In meinem geistigen Haushalt möchte ich die Mythen nicht missen. Mit Leszek Kolakowski meine ich, daß die »Abwesenheit« des Mythos in unserer Kultur »unvorstellbar« ist. Wir bedürfen des Mythos; doch die Dogmatisierung des Mythos ist verhängnisvoll. Ich schließe mich Kolakowskis Erwägungen an, die Mythologie könne nur dann sozial fruchtbar sein, wenn sie »einem permanenten Verdacht ausgesetzt« sei, wenn sie ständig »von Wachsamkeit umgeben« werde, die ihrer natürlichen Neigung entgegenwirke, »sich in ein Narkotikum zu verwandeln«. An anderer Stelle seiner Schrift ›Die Gegenwärtigkeit des Mythos‹ (München 1973) spricht Kolakowski sogar von der Tyrannis der Heiligkeit.

Sollte nicht gerade zu Weihnachten diese Wachsamkeit in besonderem Maße geboten sein? Wie quälend peinlich, daß dieses innige Fest, Jesu fiktiver Geburtstag, den zu feiern übrigens die Kirche der Märtyrer nicht ohne Grund abgelehnt hat, unsere Aufrichtigkeit, unsere Wahrhaftigkeit so auf die Probe stellt und viele, die zur Nachfolge Jesu ehrlich bereit sind, zu einem frommen Selbstbetrug nötigt! Nachdem ich mich in einem langwierigen Prozeß endlich frei gemacht habe von dem ekklesiastischen Zwang, die Weihnachtsgeschichte im Sinne des – nur historisch zu begründenden – Dogmas von der Gottgleichheit Jesu zu verstehen, glaube ich sogar in den Text des Lukas tiefer eindringen und ihn besser würdigen zu können als ein Zeugnis untilgbarer Hoffnung auf den Frieden Gottes, auf seine Gerechtigkeit. Die Weihnachtsgeschichte hat nicht nur einen mythischen Grund; sie hat auch eine utopische Dimension. Sie bewegt sich zwischen Mythos und Utopie; in ihr vereinigen sich Elemente der Realität und des Traums, Rationales und Irrationales sind ineinander verschlungen.

Es beginnt mit einer banalen administrativen Maßnahme und findet seinen Höhepunkt in einer mystischen Intervention von Engeln. Auch die scheinbar rationalen »Steuerlisten« sind Zeichen, Chiffren, Signale, aber keine historischen Fakten trotz der Nennung des authentischen römischen Statthalters Quirinius. Historisch gesehen, ist der Vorgang absurd. Die römische Verwaltung, eine rationale Administration, hätte niemals eine solche Konfusion angerichtet, wie sie durch die praktisch undurchführbare Verordnung (im Griechischen: Dogma) entstehen mußte, jeder habe sich an seinem Geburtsort registrieren zu lassen. Die Reise Josephs mit seiner hochschwangeren Braut nach Bethlehem hat einen ebenso legendären Charakter wie die sich daran anschließende Flucht nach Ägypten, die sich auf eine alte mythische Tradition zurückführen läßt. Indem Joseph, um gemäß jenem unsinnigen tyrannischen Befehl als Untertan erfaßt zu werden, sich gehorsam auf den Weg nach Bethlehem macht, begibt er sich mit Maria und dem erwarteten Kind in eine Falle.

Nicht nur beiläufig, wenn auch ohne besonderen Nachdruck wird von Joseph gesagt, er sei königlicher Herkunft, ein Nachkomme des tausend Jahre zuvor regierenden Königs David. Von seinem Beruf erfahren wir in diesem Zusammenhange nichts. Er tritt auf als ein ehrbarer kleiner Mann, einer von den vielen, die die Behörde registriert, keine königliche Hoheit. Niemand nimmt Notiz von dem späten Nachkommen des hochberühmten Königs, nicht einmal in dessen eigener Geburtsstadt. Die bittere Logik der mythisch motivierten Geschichte verlangt, daß für den zum ordinären Untertanen erniedrigten Nachkommen Davids und seine schwangere Braut sich keine »Bleibe« findet, kein besseres Quartier als ein Viehstall am Rand der Stadt. So sehr heruntergekommen, so sehr verkommen scheint die große ruhmreiche Tradition. Joseph selbst hat offensichtlich in der Geschichte des Lukas von der Tatsache seiner davidischen Herkunft keinen Gebrauch gemacht; er hütete sich aufzufallen, er blieb »inkognito«. Der Grund für diese Zurückhaltung mag wohl nicht nur Bescheidenheit, sondern auch Vorsicht, womöglich Angst gewesen sein. Man könnte es vermuten. Die spätere Gegenaktion des Herodes, nachdem die Geburt eines Sohnes und die daran geknüpften messianischen Hoffnungen ruchbar geworden waren, rechtfertigt die Sorge, die Vorsicht des Joseph, der, wie anzunehmen ist, von Maria in die mystische Information, die sie vor ihrer Schwangerschaft erhalten hatte, eingeweiht worden war. Was in der kümmerlichen Umgebung des unscheinbaren Paares, das aus Nazareth angereist war, zunächst keine Beachtung fand, die davidische Tradition – in den Augen des mit den Römern kollaborierenden mißtrauischen Regimes war dies ein Politikum. Durch die Proklamation der Engel wurde es evident.

Joseph, der in den meisten Weihnachtsbildern des Mittelalters als liebevoller, aber – nach dem Verständnis der offiziellen kirchlichen Christologie – doch nebensächlicher »Nährvater«, als heilsgeschichtlicher Komparse seitwärts oder im Hintergrunde steht, eine Art Großvater, dieser Joseph aus dem Geschlechte Davids in der Davidsstadt, nein, er ist keineswegs der von der Kirche später wie zum Trost heilig gesprochene betrogene Ehemann wie die von Allvater Zeus überlisteten Rivalen in der antiken Mythologie. Dem vorliegenden Text des Lukas und ebenso dem Kapitel, worin der bis dahin jungfräulichen Maria die Geburt eines Sohnes angezeigt wird, ist nichts anderes zu entnehmen als dies: Der von dem davidischen Joseph leibhaft gezeugte oder vielmehr erst noch zu zeugende Sohn, »das, was erzeugt wird« (to genomenon), werde vom Geist, vom Geist Gottes, adoptiert und als Messias des jüdischen Volkes anerkannt und proklamiert.

Sollte Maria, als sie sich mit Joseph, der ihr nach damaligem Brauch als Verlobter so gut wie angetraut war, vereinigt und von ihm empfangen hatte, diese mystische Ankündigung verschwiegen haben? Eine solche Hypothese hätte alle möglichen unsauberen Spekulationen und Verdächtigungen zur Folge, wie sie denn auch in der finsteren Polemik des »Toldoth Jeschu«, einer jüdischen Antilegende, zusammengebraut worden sind. Schalom Ben-Chorin berichtet darüber in seinem Buche ›Mutter Mirjam‹ (München 1971).

So vieldeutig auch die Legende ist, die von der Geburt Jesu

berichtet – dies ist unverkennbar das Entscheidende: Der Geist macht ihn zum »Sohne Gottes«, nicht das Blut. Seiner natürlichen Herkunft nach ein Davidide, wird Jesus durch den »Geist« in seiner Messianität legitimiert. Man könnte also von einer doppelten Zeugung sprechen. Den kanonisierten Bericht der Taufe Jesu im Jordan ergänzend, heißt es im apokryphen Ebionäerevangelium, Jesus sei nach der Taufe vom Heiligen Geist mit den Worten des 2. Psalms (Vers 7) wie ein gesalbter König Israels zu Seinem Sohne erklärt worden: »Du bist mein geliebter Sohn, heute habe ich dich gezeugt.«

Es darf an dieser Stelle bemerkt werden, daß der Mensch schlechthin, um wahrhaft Mensch zu sein, einer doppelten Zeugung bedarf; gegenüber der einfachen Kreatur verwirklicht er sich selbst in dieser Dialektik einer doppelten Zeugung. Die geistige Zeugung setzt allemal die natürliche Zeugung voraus. Das widerspruchsvolle Dogma von der mirakulösen Jungfrauengeburt nötigt dagegen zu abstrakten theologistischen Spekulationen; an deren Ende entzieht sich uns der spiritualisierte Christus als ein doketisches Phänomen. Noch fataler ist die andere Konsequenz: Wenn man mit dem Evangelisten Matthäus bezweifelt, daß Joseph der leibliche Vater Jesu war, wenn man das Argument also gelten läßt, Joseph habe sich mit dem Gedanken getragen, die Braut, weil sie ein Kind – nicht von ihm – erwartete, zu verstoßen, dann ist man auch gezwungen, sich mit jener polemischen Hypothese auseinanderzusetzen, Maria habe ihren Verlobten mit einem römischen Legionär betrogen. Man müßte dann auch die bösartige Replik der Gegner Jesu sehr genau bedenken, die sie ihm laut dem Johannesevangelium (8,41) in einem Streitgespräch ins Gesicht gesagt haben sollen: »Wir sind nicht in einem Ehebruch geboren.« Schalom Ben-Chorin, der auf diese Stelle hinweist, übersetzt noch drastischer: »Wir sind nicht aus der Hurerei geboren, wir haben nur einen Vater, Gott.« Aber wenn Jesus wirklich im Ehebruch gezeugt worden sein sollte, wozu dann der Hinweis auf den davidischen Stammbaum Josephs, warum dann die historische Stätte, die Stadt Davids als Ort der Geburt?

Wunderbar genug auch ohne das angebliche Wunder der Parthenogenese ist diese Geschichte, die sich im düsteren Winkel eines besetzten und terrorisierten Landes, inmitten eines verachteten, seiner Freiheit beraubten Volkes begibt: die Demonstration einer einzigartigen messianischen Hoffnung, das Aufbrechen des von Elend und Bedrängnis verstellten Horizonts, der Einbruch visionärer Heilsvorstellungen in die kümmerliche Existenz des jüdischen Proletariats. In den Engeln erscheint den Erniedrigten, was sie transzendiert, ihre verworrene Sehnsucht nach Heil, nach Frieden, nach Schalom. Zugleich erschreckt sie die plötzliche Transparenz ihrer Misere und erfüllt sie mit Ängsten. Auch Joseph, den man sich als einen frommen Chassiden vorstellen kann, wird von Träumen heimgesucht, in denen ihm Engel erscheinen, die ihm Warnungen und Verheißungen übermitteln. Die elende Wirklichkeit ist durchsetzt von irrationalen Begegnungen und visionären Hoffnungen. Die Volkszählung, die amtliche Registrierung – wie schon bemerkt, keine rationale Angelegenheit – ist erst recht für die einfachen, zum Teil noch analphabetischen Leute ein irritierender Vorgang, die Maßnahme einer ihnen unheimlichen Bürokratie. Und auf einmal erhebt sich unter ihnen ein unerhörtes Gerücht, nimmt Gestalt an, die Gestalt eines Boten von übermenschlichem Format, der sie erschreckt: Es ist etwas geschehen, etwas Unfaßbares, Verheißungsvolles: die Geburt des Messias, ein Kind davidischer Herkunft, ein königliches Kind an geweihter Stätte, in der Stadt Davids. Als sie dann selbst an die geweihte Stätte gelangen – am Rande der Stadt, nicht weit von ihren Weideplätzen und Pferchen –, da ist es ein schmutziger Viehstall und eine Futterkrippe, in der ihr kleiner Messias anstatt in einem prächtigen Kinderbett liegt.

War das nicht eigentlich eine Enttäuschung? Oder verliehen in den Augen der auf so rätselhafte Weise als Zeugen herbeizitierten Plebejer nicht gerade diese jämmerlichen Umstände dem Ereignis eine größere Glaubwürdigkeit als ein offizieller pompöser Staatsakt, von dem die kleinen Leute sowieso ausgeschlossen worden wären? Ihr Messias war ein Messias des Untergrunds. Sie sahen in ihm, dem Kinde, nicht eine Erfüllung, sondern eine Verheißung. Inmitten der banalen Wirklichkeit war diese Geburt ein Zeichen, das in die Zukunft wies, das ihren mühevollen Alltag mit erneuter Hoffnung durchtränkte. Dieser winzige Haufen schmuddeliger Leute repräsentierte ein Volk, das auf exemplarische Weise in der Erwartung lebte, im Warten auf den Frieden Gottes und seine Gerechtigkeit.

Nein, eine Erfüllung war dieses Ereignis im Untergrund nicht; aber die Bestätigung eines ihrem Leben Sinn verleihenden Versprechens, die Bestätigung, daß gerade sie, die sonst Mißachteten, als erste das Zeichen Gottes erhielten und nicht die Etablierten, die Vermögenden und Mächtigen. Sie, die primitiven Plebejer, wurden Zeugen der Geburt ihres Messias und nicht die Priester und erst recht nicht die Beamten, von denen sie noch eben drangsaliert worden waren und am nächsten Tage von neuem drangsaliert werden sollten. Doch es wird ihnen morgen vielleicht nicht mehr so wehe tun, weil sie wissen, daß ihr Messias geboren wurde, daß mit dem Kinde ihre messianische Zukunft begonnen hat.

Irgendwann wird es soweit sein. Von den Hirten freilich, die in der Legende des Lukas die ersten Zeugen der Geburt des Messias sind, wird keiner den Anbruch des messianischen Reiches erleben. Vielleicht könnte einer von ihnen etwa dreißig Jahre nach dem visionären Ereignis in Bethlehem etwas von dem Wirken eines galiläischen Predigers gehört haben oder gar von seiner Hinrichtung in Jerusalem wegen Ketzerei und politischer Rebellion. Es wäre allzu phantastisch, anzunehmen, einer von jenen Namenlosen, die des Nachts einen scheuen Blick in die dumpfige Enge des Viehstalls in Bethlehem taten, sei noch als alter Mann in den Bannkreis jener enthusiasmierten Gemeinde gelangt, die, vom geheimen Weiterleben des Hingerichteten überzeugt, auf seine öffentliche Wiederkehr aus dem heiligen Untergrund und die Aufrichtung des messianischen Reiches, die Verwirklichung des Gottesfriedens gläubig wartete, so wie die bethlehemitischen Hirten in ihrer Finsternis einfältig fromm gewartet hatten.

Unmittelbar konkrete Folgen hatte wohl die Geburt des messianischen Kindes für die von den Engeln herbeigerufenen Zeugen selber nicht – außer, daß sie den Traum eines utopischen Gottesreichs noch intensiver, engagierter träumten als zuvor. Gewiß erinnerten sie sich gegenseitig immer wieder an jene heilige Nacht und bestärkten sich in ihrer chassidischen Frömmigkeit. Sonst geschah offensichtlich nichts. Die Familie Josephs verschwand bald nach der Geburt aus Bethlehem; das Gerücht behauptete, sie floh nach Ägypten, weil Herodes das Kind wegen seiner davidischen Herkunft zu beseitigen trachtete. Seine Geburtsstadt hat Jesus wohl nie wieder betreten. Galiläa jedoch, wo er aufwuchs und in seinen Mannesjahren missionierend umherzog, lag weit weg von den Weideplätzen Bethlehems. So blieb den Hirten nur die Hoffnung – angesichts der ausbleibenden Erfüllung eine tragische Hoffnung.

Über all dem, was in der Vorstellung späterer christlicher Generationen, zumal in der mittelalterlichen Malerei, ganz zu schweigen von den bürgerlichen Weihnachtsbräuchen und dem christlichen Kunstgewerbe Oberammergaus, wie ein poetisches Idyll aussieht, liegt der Schatten des Kreuzes. Und er liegt nicht nur über dem Kinde und seinen Eltern; er liegt auch über den Hirten, denen Gottes Friede scheinbar umsonst verheißen wurde. Ich vermag nicht abzusehen von dem Volke Jesu, als dessen Vertreter die Hirten in dieser Geschichte figurieren: gerade ihm, dem Volke Jesu, wurde kein Friede zuteil – weder in seinem Lande noch im Exil. Gerade ihm wurde exemplarisch das Kreuz zum Schicksal in einer unerlösten Welt. Wer dies alles im Auge hat, von keinem Weihnachtslichterglanz geblendet, indem er ebenso Auschwitz bedenkt wie Golgatha, dem könnte die legendäre Geschichte, die Lukas von der Geburt Jesu zwischen Hirten und Engeln erzählt, als eine tragische Utopie erscheinen. Ihr Scheitern, so sieht es aus, war »vorprogrammiert«.

Dennoch: Die Hoffnung auf Frieden, dieser alle Realität transzendierende biblische Futurismus, dieses metaphysische Motiv der gläubigen Existenz, wurde von der fiktiv datierten Geschichte des Lukas bis heute immer von neuem inspiriert. Auf ein Himmelswunder werden wir, die von atomaren Ängsten Heimgesuchten, nach Hiroshima uns freilich nicht verlassen dürfen; die Rettung der Welt liegt in den Händen derer, die Jesus als die Friedensstifter, die Friedensmacher bezeichnete und zum Handeln anstiftete, also diejenigen, denen die Botschaft der Engel in der Stunde seiner Geburt nicht nur als eine liturgische Formel, sondern als ein dringendes Postulat in den Ohren liegt. Wenn auch die Übersetzung der Botschaft (»eirene en anthropois eudokias«) in der Vulgata erwiesenermaßen interpretatorisch falsch ist, so dürfte dennoch der Appell an den guten Willen, an die »bona voluntas« der Menschen, der Appell an ihre Vernunft, nicht zu überhören sein.

Iring Fetscher
Dem Irdischen nahe

Ich habe noch immer das »Es begab sich aber zu der Zeit« im Ohr, mit dem die alte, Luthersche Fassung der Weihnachtsgeschichte beginnt. Die Erzählung hatte für uns Kinder viel Rätselhaftes und andres, was wir auch in der neuen Übersetzung nicht verstanden hätten. Was weiß ein Kind schon von »Registrierungspflicht« und Einwohnermeldeamt? Immerhin kann es sich unter einer »Volkszählung« schon eher etwas vorstellen als unter einer »Schätzung«. Nur merkwürdig, daß wir als Kinder so viel Unverstandenes einfach *hingenommen* haben. Vermutlich war es die feierliche Stimmung am Weihnachtsabend, der Glanz der Kerzen auf dem Weihnachtsbaum, die fröhlich-ernsten Gesichter der Erwachsenen und die Erwartung von etwas Wunderbarem, Außergewöhnlichem bei uns Kindern, das uns fraglos und unproblematisch *hinnehmen* ließ, was da aus längstvergangenen Zeiten berichtet wurde und was für uns – so schien es – zugleich von höchst aktueller Bedeutung war.

Ich kann mich noch ziemlich genau erinnern, was mir an der Weihnachtsgeschichte den größten Eindruck gemacht hat, worüber ich nachdachte und was ich – in eines meiner ersten, kindlichen Gedichte zu fassen suchte: Es war die Armut und Not des jungen Paares, das da in die Fremde ziehen mußte, die seine ursprüngliche Heimat war, und es war die Hartherzigkeit der Leute, die jenen notleidenden Menschen keine Herberge geben wollten. Die Erwachsenen lachten damals über meine unbeholfenen Verse, die in ihren Ohren nüchtern klingen mußten, weil sie den Realismus des Kindes widerspiegelten: »In einer Scheune verbrachten sie die Nacht – So wird das Übernachten ohne Geld gemacht.« Mir waren auf diese Weise Maria und Joseph nahe, ich sah sie nicht viel anders als die vielen Bettler, die damals – in der Zeit der Weltwirtschaftskrise – an die Türen der Wohnungen kamen, um ein Stück Brot zu erbetteln oder ein paar Groschen. Für Kinder haben Bettler etwas Menschliches und zugleich Interessantes. Sie stehen ihnen näher als die stolzen Erwachsenen, die im Bewußtsein ihrer Würde und ihrer Leistung auf die Kinder herabsehen. Vielleicht sind Bettler oft freundlich zu Kindern, weil sie auf diesem Umweg das Herz der Mütter erreichen wollen. Aber solche Unterstellungen liegen Kindern noch ganz fern. Sie spüren eine Nähe und begreifen die Not, während Erwachsene eher irritiert sind und wegblicken oder sich »freikaufen«. Kinder haben es ganz gern, wenn Bettler ein wenig bleiben und vielleicht sogar erzählen. Erwachsene sind froh, wenn sie wieder gehen. Jedenfalls sehen Kinder nichts Herabwürdigendes darin, daß Maria und Joseph arm wie Bettler nach Bethlehem kommen. Und das »Übernachten in Scheunen« schien mir ein nützlicher Ratschlag für solche, die kein Geld haben, um eine Herberge bezahlen zu können. Durch die Schlichtheit der Erzählung, die Schmucklosigkeit des Berichts und die Armut der Eltern ist die Weihnachtsgeschichte den Kindern nahe. Sie verstehen sie.

Was bedeutet sie für uns, die wir erwachsen sind? Wenn die Kinder über der Menschlichkeit und Nähe der Eltern und des neugeborenen Kindes dessen Göttlichkeit übersehen oder nicht begreifen, so neigen Erwachsene eher dazu, über der offenbarten Göttlichkeit die Realität der schlichten und ärmlichen Menschlichkeit und Not zu übersehen. Die Verkündigung des Engels: Heute wurde euch der Retter, der Messias geboren – ist für uns und gewiß auch dem Gewicht der Worte nach der Mittelpunkt der Erzählung. Die Göttlichkeit des Neugeborenen, die durch die »Scharen des himmlischen Heers« machtvoll unterstrichen wird, läßt leicht Stall, Krippe, Armut und Not vergessen, die doch als ganz real vorgestellt werden müssen. Der religiöse Mythos verdrängt die nüchterne Geschichte. Das war um so mehr der Fall, als die altertümliche Diktion des traditionellen Bibeltextes ohnehin den Bericht dem alltäglichen Erfahrungszusammenhang zeitgenössischer Menschen entrückte. Hier mag die neue, nüchterne Übertragung eine Hilfe sein. Sie beseitigt den Schutt der Wirklichkeit verdeckenden Überlieferung und nimmt dem Text die Patina, die sich im Laufe der Jahrhunderte angesetzt hat. Die Aussage wird frisch und neu, ganz ähnlich wie die Ersetzung des Symbols vom Kreuz durch den Galgen die Bedeutung des damals üblichen Todeswerkzeugs wieder sichtbar macht. Als Jesus ans Kreuz geschlagen wurde, war das Kreuz ja keineswegs das Symbol eines die Welt verändernden, triumphierenden Glaubens und mächtiger Organisationen, sondern Inbegriff von Schmach und Schande. Ganz ähnlich aber war's mit den Eltern Jesu und dem eigenartigen Knaben, den Maria in einer kalten Winternacht zur Welt brachte.

Gewiß, da kamen Hirten herbei, die in der Nähe ihre Herden

hüteten. Sie mochten vor allem aus Mitleid in die kleine Feldscheune gehen, um den dort nächtigenden Fremden und der jungen Mutter, die eben entbunden hatte, zu helfen. Wenn aber in den folgenden Tagen jene Hirten in Bethlehem über das Neugeborene gesprochen haben sollten und wenn sie behaupteten, daß es der seit langem ersehnte Messias des jüdischen Volkes sei, werden sie – wie das in solchen Fällen zu geschehen pflegt – auf Unglauben gestoßen sein. Ausgerechnet aus einer armen Zimmermannsfamilie, die nicht einmal ortsansässig war, sondern deren Vorfahren hatten auswandern müssen, sollte der Messias geboren werden? Ausgerechnet unter so dürftigen äußeren Umständen sollte der Retter des Volkes zur Welt kommen? Nein, damit fanden die Hirten gewiß keinen Glauben, zumal auch sie selbst nicht eben hoch im allgemeinen Ansehen standen. Sind nicht Schäfer seit jeher Sinnierer und Phantasten? Haben sie nicht zuweilen das »zweite Gesicht«? Kurz: Man darf sich die Tage und Wochen nach der Geburt Jesu nicht zu großartig vorstellen. Eine ortsfremde Familie hatte in einer Feldscheune ein Kind bekommen und ließ sich eintragen in die Register der römischen Besatzungsmacht, die eine Reichszählung angeordnet hatte. Ein Kind war geboren worden, und in der Nähe befindliche Hirten hatten Mutter und Kind bewundert. Manche behaupteten, ein Engel habe ihnen verkündet, daß es der künftige Messias sei. Geglaubt wurde ihnen kaum. Die drei Könige waren noch nicht erschienen.

Das Christentum ist eine historische Religion. Nicht nur die Religion eines historisch belegbaren Propheten, sondern die eines historisch genau »lokalisierbaren« Gott-Menschen. Quirinius war Statthalter von Syrien und führte für den Kaiser in seinem Machtbereich die Volkszählung durch. Das ist eine ziemlich präzise Zeitangabe, die durch profane historische Quellen belegt werden kann. Jesus wurde nicht irgendwann in Urzeiten geboren, sondern zu einem exakt fixierbaren Zeitpunkt.

Auch diese Tatsache unterstreicht seine »Menschlichkeit«, seine Leiblichkeit. Wie seine Geburt, so wird auch sein Sterben menschlich sein. Die »Scharen des himmlischen Heers« ändern daran so wenig wie die Stimme Gottvaters, die von einigen Gläubigen gehört wird, nachdem Jesus seinen »Geist ausgehaucht hat«. Jesus ist ein Mensch wie wir. Die Kinder fühlen sich dem kleinen Jesusknaben nahe. Für Notleidende und Arme ist die Lage der Eltern unmittelbar nachfühlbar. Es gibt keinen hoheitsvollen Abstand, keine einschüchternde Aura, keinen Nimbus, der die Vernunft ausschalten könnte. In klaren, historisch erweislichen Umrissen steht die Gestalt des Jesus von Nazareth vor uns. Etwas blasser die seiner Eltern, aber doch konkret genug, um auch sie zu Individualitäten werden zu lassen. Keine Symbole jenseitiger Herrlichkeit, sondern menschliche Personen, wie wir sie kennen, mit ihren Stärken und ihren kleinen Schwächen, ihren Sorgen, ihren Hoffnungen, ihren Wünschen und ihren Verzweiflungen.

Die »Scharen des himmlischen Heers« aber nehmen mit ihrer Friedensbotschaft vorweg, was das Ziel der Lehrtätigkeit Jesu sein wird. »Frieden allen, die er liebt«, das heißt Frieden allen Menschen, denn Gottes Liebe kennt keine Grenzen; sie schließt Zöllner und Sünderinnen ebenso ein wie solche, die wirklich, und andere, die nur vermeintlich fromm sind. Und er will die Menschen durch sein Vorbild lehren, genauso friedliebend und liebevoll zu werden wie er selbst.

Wenn wir – in Kenntnis der späteren Geschichte – heute die Weihnachtserzählung hören, dann sollten wir alles Kommende schon mitdenken. In der Erzählung von der Geburt in Armut ist das Wissen um Leiden, Verfolgung, Tod und Auferstehung enthalten. Und doch ist von allen Festen, die ein Gedächtnis der Stationen der Geschichte feiern, Weihnachten für die meisten von uns das höchste, weil dort alles andre begann. Vielleicht aber auch, weil uns dort die Menschlichkeit Jesu am allernächsten kommt, oder auch weil es so leicht ist, ein Kind zu lieben, das noch keine hohen seelischen, sondern allein materielle Anforderungen an seine Umwelt stellt? Der Gefahr einer bequemen Einschränkung christlichen Glaubens auf den sentimentalen Kult des »kleinen Jesusknäbleins« kann man nur durch das ständige Eingedenken des Schicksals und der Forderungen entgehen, die Jesus durch sein Vorbild und seine Lehre erhoben hat.

Kindern muß es erlaubt sein, besonders das Kind Jesus gern zu haben, Erwachsene dagegen dürfen ihrer Verantwortung für ihr eignes Leben und ihre Mitmenschen nicht durch gerührte Versenkung in die Betrachtung des Neugeborenen entfliehen, auch wenn dieses Neugeborene der Heiland ist. Da diese Flucht – in die Innerlichkeit der gerührten Erinnerung an die eigene Kindheit und die sentimentale oder gar parasitäre Teilhabe an der Naivität von Kindern – allzu häufig vorkommt, muß vor einer falschen Weihnachtsstimmung gerade in Deutschland gewarnt werden. Es gab Familien des Wachpersonals von Konzentrationslagern, die im »stillen Kreis der Kinder« unterm kerzengeschmückten Weihnachtsbaum fromme Lieder sangen, während draußen – im Lager – Angehörige des Gottesvolks und politisch Andersdenkende litten und starben. Hegel hätte gesagt, diese verlogene Sentimentalität kommt vom abstrakten Denken. Abstrakt denkt, wer im neugeborenen Jesusknaben nicht zugleich auch schon den Leidenden, Verfolgten und Getöteten erblickt. An den verfolgten und leidenden, geschundenen und getöteten Jesus denkend, hätte freilich das aktuelle Leiden der Juden und der politisch Verfolgten, der Soldaten und der Zivilbevölkerung nicht vergessen werden dürfen. Auch wer nur an das Leiden und Sterben *Jesu,* nicht auch an das der heute in aller Welt Verfolgten und Leidenden denkt, denkt gleichfalls abstrakt – und unchristlich. »Frieden allen, die er liebt« verkündigen die »Scharen des himmlischen Heers«. Zu diesen »allen« zählt die ganze Menschheit, auch jene, über deren Dummheit, Bosheit, Gewalttätigkeit und Uneinsichtigkeit wir zu Recht in Zorn geraten und angesichts derer wir verzweifeln möchten.

Hans Norbert Janowski
Höher als die Vernunft

Um dies zu schreiben, mußte ich die Weihnachtsgeschichte im Frühsommer lesen; ich kann das weiterempfehlen. Man ist nicht irritiert vom Glamour des Weihnachtsgeschäfts, von der Kommerzialisierung der Gefühle und von der Illusionsindustrie. Ich fühle mich nicht bedrängt vom Stimmungszwang der Weihenacht und nicht gedrängt, vor der inneren Friedlosigkeit angesichts des äußeren Unfriedens, der nur durch die Logik des Schreckens einstweilen vor der Explosion bewahrt wird, ins falsche Idyll der friedlichen Betrachtung der Heiligen Familie und des Kindgottes in der Wiege zu fliehen.

Was den Zeitgenossen heilig ist an jener Nacht, hat das Heilige der Weihnacht entstellt. Wir wissen das, und ein starkes Unbehagen macht manch einen unfähig zu feiern; aber die tröstende Vitalität und das Licht dieses Sommertags hellt die Düsternis dieser unglücklichen Erkenntnis etwas auf.

Allein die kalendarische Ferne vom Fest reinigt die Sinne, um den nüchternen Blick und die Fremdheit der alten Geschichte wahrzunehmen. Der christliche *Mythos* von der Geburt Gottes ist durchaus kein Idyll; er ist *Geschichte* und zeigt von vornherein und in allen seinen Zügen die Farben der menschlichen Realität. Die Erzähler haben den größten Wert auf die geschichtlichen Umstände, auf Zeit und Ort und auf die Signatur der Situation gelegt. Wie in allen großen Geschichten der christlich-jüdischen Tradition erscheint Gott auf der Wanderschaft, zeigt er sich unterwegs, außerhalb der vertrauten Zusammenhänge. Das Gotteskind wird geboren auf einer beschwerlichen Reise, die zu dem profanen Zweck einer Volkszählung und Steuererfassung gemacht werden muß. Gott wird Mensch inmitten einer dürftigen Umgebung, in Gesellschaft eines armseligen Personals und in einer Notunterkunft, am Rande der zivilisierten Welt; kein heimlicher Prinz, welcher der Maria in den Schoß gelegt wird. Und es gibt keine Anzeichen dafür, daß der Erzähler schon Rücksicht auf die Erklärungsbedürfnisse der kirchlichen Dogmatik genommen hätte: Es wird von Mann und Frau und von ihrem ersten Kind gesprochen.

Aber um eine Feststellung ist es dem Evangelisten offenbar gegangen: Ausgerechnet über diesem dürftigen und zufälligen

Szenario öffnet sich der Himmel. Dieser Säugling ist der erwartete Messias.

Diese Geschichte ist eine Provokation. Und so wurde sie offenbar schon damals empfunden: Der Kindermord auf Befehl des Königs, die Flucht nach Ägypten, das ist der Anfang einer Geschichte, die am Galgen endet. Der Grund dieser Passion: Hier wurde jemand illegal, ohne Beteiligung der etablierten Mächte, ohne offizielles Anerkennungsverfahren, für Gottes Sohn gehalten und proklamiert.

Eine Geschichte der Armut, der Flucht und der Angst. Angst ergriff auch jene kleinen Leute, denen sie zuerst eröffnet wurde. Aber gerade diesen Hirten wurde die Angst genommen durch die irdische und menschliche Nähe Gottes im machtlosen Kind. Aus Angst wird Freude; und das seltsamerweise nicht dadurch, daß sich die äußere Situation grundstürzend verändert. Der Himmel, der sich über der Szene von Bethlehem öffnet, das Licht in der Nacht hat den Stall nicht in einen Palast verwandelt und die Hirten nicht zu wohlhabenden Leuten gemacht. Verändert hat sich die Wirklichkeit dieser Menschen: Sie haben im Licht dieser Nacht erkannt, daß im Kind in der Futterkrippe der Herr des Kosmos gegenwärtig ist. Und dieser Glaube hat aus ihnen andere, von der Angst befreite und von Freude erfüllte Menschen gemacht. Diese Freude bleibt nicht privat, sondern sie wird – so die Geschichte – bald das ganze Volk ergreifen; eine Wahrheit, die übrigens historisch ist.

Die Pointe der Weihnachtsgeschichte greift aber noch darüber hinaus: Der Hymnus des Himmelsheers umgreift den ganzen Kosmos und bezeichnet erst die Dimension des Anspruchs dieses Evangeliums. Er besingt die überirdische Herrlichkeit Gottes und verkündet »auf der Erde: Gottes Frieden! Frieden allen, die er liebt!«.

Man mag sich an dieser Übersetzung reiben. Es wird sich schwer bestreiten lassen, daß sie die paradoxe Pointe der Weihnachtsgeschichte auf die Spitze treibt: Wer daran glaubt, daß sich in dieser ärmlichen Geburt die göttliche Macht offenbart, wird Anteil haben an Gottes Frieden, an einem Frieden, der alle Menschen und die ganze Erde ergreifen soll.

Was daran wahr ist und was Illusion, läßt sich mit Vernunftgründen nicht scheiden; hier wird die Schranke zwischen Vernunft und Glauben passiert. Wir betreten ein Gelände, auf dem sich nur der Beweis des Geistes und der Kraft erbringen läßt.

Es wird vom Frieden Gottes gesprochen; also nicht vom Frieden als politischem Problem, von jenem Frieden der Vernunft, den herzustellen, zu sichern und zu erhalten als das wichtigste Problem unserer Epoche gelten darf? Zweifellos ist hier von einem Frieden die Rede, der nicht Gegenstand von Verhandlungen der Großmächte sein kann, der auch nicht durch ein Gleichgewicht des Schreckens zu sichern ist. Vom Frieden Gottes wird anderwärts gesagt, daß er höher sei als alle Vernunft. Und die diesen Frieden stiften, werden selig gepriesen: »Söhne Gottes sollen sie heißen.«

Was für einen Charakter hat dieser Frieden, und wie kann man ihn herbeiführen? Die christliche Tradition hat immer wieder in der Versuchung gestanden, die Wirklichkeit zu spalten und den Gottesfrieden durch den Rückzug in ein inneres Reich jenseits der Alltagswelt zu erreichen. Dazu gehört dann auch die Regression in die Welt des Kindes, die sich eins fühlt mit dem Kindgott, mit der naiven Unmittelbarkeit, wie sie sich in der kreatürlichen Szene der Geburt, dem kindlichen Schutzbedürfnis, kurz: im Idyll der Familie darstellt. Diese flache Mystik weihnachtlicher Frömmigkeit führt zu einem faulen Frieden, zu einem inneren Frieden, der sich von der Friedlosigkeit der Welt festlich dispensiert und in einem bösen Erwachen enden kann.

Demgegenüber soll der Gottesfrieden die ganze Menschheit ergreifen, alle, die er liebt, und den ganzen Erdkreis umfassen. Er ist dennoch nicht mit jenem Frieden der Vernunft identisch, den Menschen durch Sicherheits- und Drohmaßnahmen herstellen und verteidigen könnten. Auch dieser Frieden kann ein falscher Frieden sein, auf dessen Boden Verzweiflung, Zwang und Unterdrückung gedeihen können, ein Frieden, der um den Preis der Unterwerfung erkauft ist. Jene Pax Romana, die zur Zeit der Geburt Christi herrschte, trug solche Züge; und auch heute sind sie zu erkennen im Blockfrieden des Ost-West-Systems und im stillgestellten Konflikt zwischen Nord und Süd.

Gottes Frieden auf Erden ist keine moralische und zunächst auch keine politische Aufgabe. Er ist das, was man in der religiösen Sprache einen »Segen Gottes« nennt. Damit ist eine Dimension des Friedens gemeint, die über das Machbare hinausreicht, Frieden, der Menschen zuteil werden kann, an dem sie Anteil bekommen können.

Hier liegt ein Problem, das Carl Friedrich von Weizsäcker auf dem Frankfurter Kirchentag von 1975 mit knappen Worten umrissen hat: »Wir fürchten uns voreinander«, sagte er in diesem Zusammenhang, »und vor der eigenen Unfähigkeit zum Frieden. Der Frieden ist die Forderung. Aber wie werden wir zu ihm fähig? Die Moral fordert ihn, aber führt die Moral, wenn wir es ernst mit ihr meinen, anderswohin als zur Verzweiflung? Die Sozialrevolutionäre sind moralisch motiviert. Ist es Zufall, daß sie nach viel Blutvergießen neue Machtsysteme hervorbringen?«

Die Erfahrung, die sich darin ausspricht, findet von Weizsäkker auch in der Bibel ausgedrückt und macht sie in drei Schritten an der Bergpredigt deutlich: »Die erste Stufe ist die universale Moral der Goldenen Regel: ›Was ihr wollt, daß euch die Leute tun, das tuet ihr ihnen auch.‹ Das ist die Bedingung, unter der allein eine gerechte Gesellschaft möglich ist. Es ist die Bedingung des äußeren Friedens, in dem wir frei von Furcht voreinander leben können. Aber wer will das denn wirklich? Jeder denkt: ›Ich will wohl, aber der andere will nicht.‹ Das ist der seelische Mechanismus der Projektion: Ich brauche ein fremdes Subjekt meiner bösen Wünsche. Deshalb die zweite Stufe, daß das Gebot der Moral auf die ganze Person, nicht nur auf die sichtbaren Handlungen geht. Nicht erst, wer den Bruder ermordet, ist des Gerichts schuldig, sondern wer so über ihn empfindet, daß sein Affekt, losgelassen, den Tod des Bruders nicht bedauern würde. Dies ist die Bedingung des inneren Friedens, der Reifung der Persönlichkeit, die allein den äußeren Frieden tragen könnte.

Aber wer kann das denn wirklich? Die Erkenntnis dessen, was sein müßte, führt uns erst recht in die Enge, in die Angst der Verzweiflung an uns selbst, denn was einzig nottut, das können wir uns auch durch guten Willen nicht geben. Die Reifung geht durch die Erfahrung des Todes ... Die dritte Stufe sind die Seligpreisungen, an den Anfang der Rede gestellt: Selig sind die Friedensmacher, selig die Bettler im Geist. Sie sind selig hier und jetzt. Die Enge hat sich geöffnet, es gibt eine Erfahrung der Wirklichkeit, des Friedens über die Forderung der Moral hinaus. Sie verwirft die Moral nicht, sondern erfüllt sie, anders als irgendein Moralist gedacht hat.«

Die Angst vor dem falschen, dem ungerechten Frieden macht den Zwang, den Frieden mit politischen Mitteln herzustellen, zu einer moralischen Aufgabe. Diese kann aber denjenigen, der sie erfüllen will, angesichts der menschlichen Unfähigkeit zum Frieden in Verzweiflung stürzen. In der Nacht von Bethlehem ist der Friede ein Segen, der den Menschen zuteil wird, die sich ihm öffnen. Hier geht der Friede über die Vernunft hinaus, schafft einen größeren Freiraum zu ihrer Entfaltung. Der Friede der Vernunft ist ohne den Frieden, der höher ist als die Vernunft, nicht zu haben; selbst wenn er machbar erscheint, kann auf seinem Boden die Angst und die Verzweiflung gedeihen.

Der Segen des Friedens bezieht sich auf die einzelnen Menschen, die vielen einzelnen, denn nur die Person ist fähig, sich zu erneuern, umzukehren, sich zu verwandeln zu einer neuen Kreatur. Zum Friedensstiften gehört offenbar der einzelne Mensch, der fähig ist, mit sich selber Frieden zu machen, um mit anderen in Frieden zu leben. Auch die Weihnachtsgeschichte verbindet die große Dimension des weltweiten Friedens mit den einzelnen Menschen, den kleinen Leuten, deren Angst sich in Freude verwandelt. Eine Zelle von Menschen in der Gesellschaft, die die Angst überwunden haben – darin zeigt sich mir die aktuelle Gestalt der Verheißung, die in der Geschichte von der Geburt Jesu steckt. Und von diesem Nukleus friedfertiger Menschen müßten konsequenterweise friedenstiftende Wirkungen ausgehen, die sich auf die Maßnahmen von Friedenssicherung und Abrüstung, aber auch auf den Geist des inneren Friedens in den Ländern und Gesellschaften erstrecken.

Politische Wirkungen? Gewiß. Denn der Gottesfrieden soll ja der Friede auf Erden sein. Die Nacht von Bethlehem ist, wie die Lukasgeschichte zeigt, nicht passiert, um einige Leute innerlich zu erbauen, sondern Gott ist Mensch geworden, um sich einzumischen in die menschlichen Angelegenheiten. Und wer sich darauf einläßt, an den Gottessohn in der Krippe zu glauben, wird nicht umhinkönnen, dem Weg zu folgen, der damit eingeschlagen worden ist. Die Verheißung des Weihnachtsfriedens verweist den Menschen, der Frieden machen will, an die Seite der privilegierten Adressaten des Kindes von Bethlehem und des Mannes von Nazareth, die Armen und die Notleidenden, die Unterprivilegierten, die nach Gerechtigkeit dürsten.

Ist das nicht eine Vision, zu schön, um wahr zu sein, zu utopisch, um wirklich zu werden? Die Sensibilität, aber auch das Engagement, mit dem christliche Gruppen in unserem Land darum streiten, was der angemessene Beitrag von Christen zur Sicherung des Friedens ist: strikter Verzicht auf den Schutz von Atomwaffen oder Friedenssicherung durch atomares Gleichgewicht und Abrüstung – läßt die Hoffnung zu, daß die Verheißung der Weihnachtsbotschaft auch heute nicht ins Leere fällt. Die steife Rigorosität und Unduldsamkeit freilich, die diesen

Streit zu einem Bürgerkrieg um den Frieden zu verschärfen droht, verwickeln die Kontrahenten in jenes Dilemma moralischer Verzweiflung, das entsteht, wenn wir uns dem Segen des Gottesfriedens nicht mehr auszusetzen vermögen.

Wer weiß, ob wir das Weihnachtsfest in unseren Breiten überhaupt noch feiern können? Können sich Menschen aus einer industriellen Gesellschaft, Sieger und Macher der technischen Welt, dem Segen des Himmels, der sich über dem Stall von Bethlehem auftat, noch öffnen, ja selbst mit der versunkenen Sprache des religiösen Glaubens noch etwas anfangen? Der Frieden, der von dort ausgeht, hat etwas mit Armut, mit Kargheit, mit der Not des Lebens zu tun, und es ist kein Zufall, daß die Bilder des Gelingens, die sich uns – in den Kirchenbänken sitzend und den Hymnus von der gnadenbringenden Weihnachtszeit singend – angesichts der Unfähigkeit, Weihnachten zu feiern, aufdrängen, gewöhnlich Erinnerungen an Zeiten der Not wachrufen wie dieses, das mich begleitet:

Weihnachten 1948 in Halle an der Saale; die Reste einer Familie zusammengepfercht in drei Räumen, vier Kinder, zwei Mütter und die Großeltern. Der eine Vater war im Krieg geblieben, der andere gerade vor zehn Tagen aus der Gefangenschaft heimgekommen: Das Glück für die einen; die anderen erinnert die Mitfreude schmerzhaft an die eigene Lage. Und inmitten dieser glücklich-traurigen Familie ein Großvater, der bescherte und wußte, daß es für ihn das letzte Mal war; denn es war klar, daß die Familie auseinandergehen wird, die einen über die Grenze nach »drüben«, und der Großvater wahrscheinlich über eine andere Grenze. Die Geschenke waren selbstgemacht; das Gebäck stammte aus einer Auslandsspende.

Ein Bild der Not: Krieg und Flucht lagen hinter uns, Knappheit und Zerstörung umgaben uns, neue Aufbrüche ins Ungewisse lagen vor uns. Und doch ein Bild des Friedens und der Gemeinschaft, auch wenn die Erinnerung das Glück der Not vergoldet. Ich habe die Weihnachtsgeschichte wahrscheinlich nie wieder so intensiv gehört und erlebt wie damals. Wir fühlten uns unter einem Dach des Friedens geschützt, auf festem Land zwischen Flucht und Flucht.

Und heute? Die Armut scheint weit draußen zu wohnen, nur das psychische Elend ist vielen vertraut. Ich fürchte, die meisten Zeitgenossen sind zu sehr verwickelt in eine Welt, in der die Zuneigung zum Ding wird: Wir tauschen Gefühle, indem wir Waren austauschen, die wir Geschenke nennen. Selbst der Verzicht und die Freude werden kommerzialisiert zu Diät und Lust, zu einem Konsum, der die Genußfähigkeit tötet. Das Unbehagen ist vielen bewußt; sie ergreifen die Flucht vor dem elektrifizierten Lichterbaum.

In dieser Lage entsteht eine Verblendung, die es kaum gestattet, die Probleme, die den Frieden gefährden, in ihrer tatsächlichen Größenordnung wahrzunehmen. Und wenn ihre Größe erkannt wird, werden die Probleme und Problemlösungen als politisch nicht realisierbar, ja als »unberührbar« verdrängt. Denn wie sollte es möglich sein, das Fest des Friedens zu feiern, wenn die Mittel, mit denen wir den Frieden zu sichern suchen, auf ein Niveau des Rüstungsgleichgewichts hocheskaliert worden sind, das es unmöglich macht, ohne Gefährdung dieses Stillhaltefriedens mit einem Bruchteil dieser Mittel den grassierenden Hunger in der Welt zu bekämpfen? Die Hilflosigkeit spiegelt sich im Zugleich von Wohlleben und Zukunftsangst – eine Mischung, in der sich der Tod ankündigt: »Fachmenschen ohne Geist und Genußmenschen ohne Herz« – diese Kennzeichnung Max Webers markiert die Situation.

Und dennoch: Das Bewußtsein des Defizits, die Klage darüber ist eine erste Bewegung, um das Nessushemd zu zerreißen. Der Glaube an die friedenssichernde Rationalität des Schrekkens ist irrational geworden. Der Glaube an den Frieden, der höher ist als die Vernunft, wäre vernunftgemäß. Die Vernunft dieses Glaubens haben wir einstweilen im Modus der Sehnsucht, der Nostalgie, der Klage: eine nicht hoffnungslose Ausgangslage, um zu warten, bis eines Tages das Wortritual der Weihnachtsgeschichte, die alljährlich ins Ohr der mißmutigen Erwartung schallt, den Panzer des Festkommerz' durchdringt und die Ängste in Friedensfähigkeit verwandelt.

Reiner Bohley
Verwandlung von Furcht in Freude

Jeder weiß es: Weihnachten ist das Fest des Friedens. Auch die Regierenden wissen es und erinnern zu Weihnachten daran, wie sie den Frieden gesichert und damit erhalten haben – oder lassen daran erinnern. Die Sehnsucht der Menschen nach Frieden wird beruhigt mit dem Hinweis auf das Erreichte: Die Waffen schweigen. Das Erreichte wird Frieden genannt.

Auszug aus der Weihnachtsseite einer Zeitung: »Weihnachten ist das Fest der Liebe und des Friedens. Das nun zu Ende gehende Jahr aber kann wohl in jedem Falle als ein besonderes gelten. Vor allem haben jedoch die diesjährigen Weihnachten einen besonders tiefen Sinn als Fest des Friedens. Niemals seit dem Weltkriege war die Gefahr eines noch größeren und schwereren Krieges so groß wie in diesem Jahr. Niemals aber auch der Sieg des Friedenswillens so umfassend wie durch die Politik ...« – einsetzen kann man an dieser Stelle beliebig: des Präsidenten, des Regierungschefs, der Partei und so weiter. Die Worte wirken stereotyp, könnten hier und dort, im eigenen oder feindlichen Lager gesprochen sein, im Westen wie im Osten, jeweils mit demselben Anspruch auf Geltung. Auch die Jahreszahl des zu Ende gehenden Jahres kann beliebig eingesetzt werden. Nie war der Frieden so gefährdet wie in diesem Jahr, das läßt sich alle Weihnachten neu sagen – und ist die schreckliche Wahrheit. Wieder stereotyp, wieder auf jedes Jahr, auf die Regierenden überall beziehbar ist die Fortsetzung auf der Weihnachtsseite: »Den nie erlahmenden Bemühungen des ..., unserem Volk und der Welt den Frieden zu sichern, war es zu danken, daß uns der Friede erhalten blieb.« Und in diesem Sinne – der Schluß des Textes auf der Weihnachtsseite: – »klingt die alte schöne Weihnachtsbotschaft zu uns herab: Friede auf Erden und den Menschen ein Wohlgefallen!« So und ähnlich ist es in den Zeitungen zu lesen, und überall – im Osten wie im Westen – wird diese Weihnachtsbotschaft gern zitiert.

Als Sinn der Weihnachtsbotschaft: Friedenserhaltung durch Friedenssicherung. Immer vorausgesetzt, das vorläufige Schweigen der Waffen bedeute Frieden, die Sicherung dieses Friedens wäre nur durch Rüstung erreichbar, die Sicherung bedeute: Der Friede muß bewaffnet sein.

Der Umgang mit der Weihnachtsbotschaft hat manche Varianten: Sie kann durch fromme Patina und falsche Idyllik verharmlost werden, sie kann – und das ist gefährlicher – mißbraucht werden zur Propaganda einer auf Rüstung vertrauenden Sicherheitspolitik. Gefährlicher ist das, weil solche Sicherheitspolitik von der Abschreckung, der Gewaltandrohung und damit von der Angst der anderen lebt. Auf Angst bauend Angst erzeugt – auf beiden Seiten. Dieser Mißbrauch der Weihnachtsbotschaft ist auch deshalb gefährlich, weil solche Sicherheitspolitik in einem Europa, jahrzehntelang ohne Krieg, den Augenschein für sich hat. Es gibt keinen Krieg in Europa. Noch keinen Krieg.

Wie im Friedensjahr 1938: »Niemals seit dem Weltkrieg war die Gefahr eines noch größeren und schwereren Krieges so groß wie in diesem Jahr. Niemals aber auch der Sieg des Friedenswillens so umfassend wie durch die Politik Adolf Hitlers. Den nie erlahmenden Bemühungen des Führers, unserem Volk und der Welt den Frieden zu sichern, war es zu danken, daß uns der Friede erhalten blieb.« So wurde damals argumentiert, als Schluß »die schöne alte Weihnachtsbotschaft« zitiert. Das hatte den Augenschein für sich. Nach München 1938 schien die Kriegsgefahr gebannt. Selbst der, der sich Führer nennen ließ, plante für 1939 in Nürnberg einen »Parteitag des Friedens«. Aber 1938 war ein Jahr der Gewalt. Der Gewalt gegen die Schwachen, gegen Österreich, gegen die Tschechoslowakei und vor allem – die Kristallnacht hatte deutliche Zeichen gesetzt – gegen die Juden. So wie unsere »Friedensjahre« Jahre der Gewalt sind, der Gewalt gegen Schwache in aller Welt. Unser bewaffneter Frieden bedeutet den sicheren Tod für die Hungernden in aller Welt, denen durch die Rüstungsmilliarden ein menschenwürdiges Leben ermöglicht werden könnte. Dabei schafft die auf Rüstung bauende Sicherheitspolitik keinen Frieden, es gelingt ihr kaum, die heutigen Unruheherde zu »befrieden«.

»Im übrigen haben wir wie immer nur den einen Wunsch, daß es auch im kommenden Jahr gelingen möge, zur allgemeinen Befriedung der Welt beizutragen«, erklärte der, der sich Führer nennen ließ, zum Jahreswechsel 1938/39 und hoffte dabei noch auf »die Gnade des Herrgotts«. Aber im kommenden Jahr genügt es nicht, mit Kriegswaffen zu drohen, um die eigenen Interessen durchzusetzen. Es geht um Polen. Da werden Waffen eingesetzt, die eigenen Interessen sind wichtiger als die »schöne alte Weihnachtsbotschaft«.

Eine auf Rüstung bauende Sicherheitspolitik erreicht nur Befriedung, keinen Frieden. Sie wird zur Gefahr, wenn Interessengebiete der Gerüsteten gefährdet sind. Zum Kriegsausbruch bedarf es heute keines Hitler mehr. Wir können uns nicht damit beruhigen, daß die heute Regierenden selbstverständlich andere moralische Qualitäten haben als der, der sich Führer nennen ließ. Es hilft auch nicht, sich klarzumachen, daß das nationalsozialistische Regime ungleich schlimmer war als die heutigen politischen Systeme in West und Ost. Auch ohne Hitler steht Schreckliches bevor, wenn die Interessengebiete der Großmächte gefährdet sind. Dem Mißbrauch der Weihnachtsbotschaft liegen heute wie damals dieselben Argumente zugrunde: eine Sicherheitspolitik, die auf Rüstung baut, erhalte den Frieden. Solcher Frieden lebt von der Gewalt. Diesen Frieden meint die Weihnachtsbotschaft nicht.

An Frieden kann schon der Beginn der Weihnachtsgeschichte erinnern. Kaiser Augustus wird erwähnt. Eine Inschrift feierte ihn als »Retter (Heiland) des gesamten Menschengeschlechtes, dessen Vorsehung die Gebete aller nicht allein erfüllte, sondern noch übertraf – denn friedlich sind Land und Meer, die Städte blühen in hervorragender Rechtsordnung, in Eintracht; Blüte und Frucht trägt jegliches Gute, die Menschen sind voll guter Hoffnungen auf die Zukunft, voll frohen Mutes für die Gegenwart.« Aber der Lobpreis verschweigt: Augustus hatte seine pax Romana mit der Macht der Legionen erkämpft, sie lebte von der Gewalt. Deshalb ließ er diesen Frieden auch – als Göttin – auf Münzen darstellen: lorbeerbekränzt, mit Lanze, Speer und Schild, den Fuß auf dem Nacken eines besiegten Feindes. Dieser Frieden bedeutete Gewalt gegen alle Völker, die nicht eingegliedert waren in das Reich, Gewalt gegen die Sklaven, Gewalt gegen jeden, der nicht den Nacken beugen wollte. Was doch nur auf gewaltsamer Befriedung beruht, soll nicht als Frieden gepriesen werden. Kaiser Augustus, der gefeierte Friedensfürst, erwähnt am Anfang der Weihnachtsgeschichte – Erinnerung, daß Frieden nicht von der Gewalt leben kann.

Der Kaiser wird erwähnt, der Statthalter, ein Verwaltungsvorgang: Volkszählung. Der Staat hat ein Recht, festzustellen, wieviel Bürger er hat, kann auch anordnen, wie das geschehen soll. Also brechen alle auf, um sich in ihrer Heimatstadt eintragen zu lassen. Vom erhabenen Augustus lenkt die Erzählung den Blick auf den Durchschnittsbürger aus Nazareth. Weil Joseph einen besonderen Stammbaum hat, muß er einen weiten Weg zurücklegen, um sich eintragen zu lassen. So friedlich immerhin sind die Zeiten, daß er seine schwangere Frau mitnehmen kann. Die pax Romana macht es möglich. Da wird dann auch im folgenden zunächst nichts Außergewöhnliches erzählt. Ein kleiner Hinweis nur deutet darauf hin: Joseph stammt aus Davids Haus, dem Haus also, aus dem einst der von Gott Gesandte kommen soll. Aber aus Davids Haus stammen viele, viele werden deshalb in Bethlehem sein. Von einer Herbergssuche, von hartherzigen Menschen, die das Paar abweisen, wird nichts berichtet. Alles ist ganz normal: die Geburt des Kindes, das Wickeln in Windeln. Für das neugeborene Kind haben die Eltern keinen Platz in ihrer Unterkunft. Auch das wird in der Erzählung einfach sachlich berichtet. Kein Kommentar. Es kann angesichts der Situation – man war schließlich Gast – etwas Selbstverständliches sein. Der Grund braucht nicht darin gesucht zu werden, daß die Familie besonders arm war – Joseph ist schließlich Zimmermann. Man muß auch nicht vermuten, daß mit dem Neugeborenen besonders rücksichtslos verfahren wird. Daß Maria das Kind in eine Krippe legt, spricht eher für ihren praktischen Sinn. Man muß sich eben zu helfen wissen.

Ohne schmückende Erläuterungen, mit denkbar wenig Worten, verhalten, nur auf das entscheidende Ereignis konzentriert, wird hier erzählt: Ein Mensch ist geboren. Diese Geburt hat ihre Besonderheiten wie jede Geburt, ist aber ein normales, alltägliches Ereignis.

Und beim Alltag wird geblieben, wenn von den wachenden Hirten in der Nähe berichtet wird. Nachtdienst ist nötig in bestimmten Berufen. Die Hirten müssen nachts wachen, um die Herden vor Räubern und wilden Tieren schützen zu können. Ein Ausschnitt aus dem normalen Leben. Zugleich ein Anklang an Außergewöhnliches: Auf Bethlehems Weiden hütete auch David eine Herde, als er zum König gesalbt werden sollte. Aber auch viele andere Hirten waren seitdem dort gewesen, alltägliches Geschehen, normales Leben.

Die wachen, aufmerksamen Hirten werden überrascht. Eine Gestalt steht neben ihnen. Lichtglanz umleuchtet sie. Wer wacht, rechnet nicht damit, so plötzlich überrascht zu werden. Wer auf dunkle Gestalten in der Nacht achtet, wird hilflos, wenn er plötzlich von Licht umleuchtet ist. Furcht ist die natürliche Reaktion auf solch Erlebnis. Plötzlich von Licht umleuchtet werden: die Situation bei Verhören, wenn der Vernehmer seine Macht ausspielen will. Dem ängstlichen Blinzeln des Verhörten folgen Fragen, Anklagen, Beschuldigungen, Forderungen. Der Vernehmer bleibt im Licht verborgen, bleibt anonym, gesichtslos. Er arbeitet mit der Furcht des anderen.

Anders der Engel des Herrn in der Weihnachtsgeschichte. Überraschend ist sein Erscheinen, befremdlich nach der bisher so nüchternen, verhaltenen Erzählung, dem sachlichen Bericht. Überraschender aber, befremdlicher noch, was der Engel sagt: Er bannt die Furcht, kündet Freude an – Gott kommt zu den Menschen, das Zeichen für die Hirten: ein gewindeltes Kind in einer Krippe.

Das Licht des Engels zeigt die Herrlichkeit Gottes. ER ist im Lichte verborgen. Wenn Lukas von diesem Licht, vom Erscheinen des Engels erzählt, bliebt er bei der Sache, um die es geht. Von Gott kann eben nur geredet werden, indem von seiner Herrlichkeit geredet wird. Lukas bleibt verhalten, malt die Herrlichkeit nicht aus, sondern verweist nur darauf: In diesem Licht ist Gott in seiner Herrlichkeit verborgen.

Aus dem Licht, das die Hirten umstrahlt, kommen keine Einschüchterungen und Forderungen. Der im Licht Verborgene beruhigt, bietet an. Der Engel weist auf Verborgenes hin, redet vom Zeichen dafür, daß Gott Mensch wurde. Das gewickelte Kind, hilflos, liebebedürftig, angewiesen auf menschliche Zuwendung, ist das Zeichen. Kein Hoheitszeichen, zu dem man aufblicken muß, sondern als Zeichen ein Kind, neugeboren, jeder kennt so etwas schon aus seinem Alltag, jeder hat sich schon gerne lächelnd niedergebeugt zu solchem Kind. In gewohnter Umgebung können die Hirten das Kind finden, in einer Krippe: auch dies Zeichen für Gottes Gegenwart im Alltäglichen. Die Furcht ist genommen.

Überraschend, befremdlich, daß nun Macht erscheint – neben dem Engel die Scharen des himmlischen Heeres –, aber nicht mit Gewaltanwendung droht. Die Entscheidung, ob sie zu der Krippe gehen wollen, bleibt den Hirten überlassen. Sie werden sich beraten, wenn die Engel sie allein gelassen haben (Vers 15). Die Entscheidung, ob sie das Zeichen wirklich als Zeichen nehmen, bleibt ihnen überlassen. Daß sie in dem gewindelten, hilflosen, liebebedürftigen Kind den verborgenen Herrn des Himmels und der Erde erkennen, wird nicht gewaltsam erzwungen.

Statt Machtdemonstration ein hilfloses Kind, statt Gewaltandrohung ein Freudengesang:

Gottes Herrlichkeit wird gepriesen und Gottes Frieden wird angesagt.

Die Herrlichkeit, den Menschen nicht sichtbar: in den Himmeln. Erahnbar nur in dem Licht, in dem Gott verborgen ist.

Der Frieden, den Menschen sichtbar in dem Zeichen, angesagt einfachen und wachen Menschen, bezogen auf alle Menschen, die Gott liebt. Auf Liebe und nicht auf Furcht baut dieser Frieden.

Der Frieden auf Erden wird nicht herbeigewünscht, er ist schon da. Freilich nicht durch des Augustus pax Romana, Fuß auf dem Nacken des besiegten Feindes. Der Frieden ist gekommen mit dem Kind in der Krippe, mit dem Menschen Jesus. Dieser Frieden ist ungesichert, wie dieses Kind ungesichert ist. Er kann gelebt werden, wie Jesus ihn gelebt hat. Jesu Leben ist von Gottes Liebe bestimmt, nicht von der Furcht. Den Schriftgelehrten und Pharisäern, den Mächtigen und ihren Häschern ist Jesus furchtlos entgegengetreten. Die Waffe des Petrus hat er verschmäht – sie hätte keinen Frieden geschaffen. Waffen zur Friedenssicherung braucht nur, wer sich fürchtet. Gesichert wird damit nur ein Friede, der von der Gewalt lebt, Gewalt vor allem gegen die Schwachen. Solchen Frieden meint die Weihnachtsbotschaft nicht. Sie meint einen Frieden frei von Furcht. Wenn die Furcht vor dem anderen, vor sich selbst, vor der Zukunft schwindet, wird dieser Frieden erfahrbar.

Im alltäglichen Leben begegnet er. Bert Brecht hat das in seiner Weihnachtsgeschichte ›Das Paket des lieben Gottes‹ beschrieben: In einem winzigen, mit erschöpften Leuten angefüllten Chicagoer Schlachthoflokal wird ein Mann, dem jeder ansah, daß er in keiner guten Haut steckte, durch einen Blick auf ein Zeitungsblatt plötzlich von seiner Furcht befreit, seine Freude steckt an, »und es wurde ein ausgezeichnetes Weihnachtsfest, das bis zum Morgen dauerte und alle befriedigte. Und bei dieser allgemeinen Befriedigung spielte es natürlich gar keine Rolle mehr, daß dieses Zeitungsblatt nicht wir ausgesucht hatten, sondern Gott.«

Gottes Frieden gilt allen, die er liebt. Er ist nicht begrenzt auf die Frommen, auch nicht auf die Furchtlosen. Gott selbst nimmt die Furcht, wie er auch die Schuld nimmt. Das gilt auch von der Furcht, das Leben zu verlieren. Mit dem Leben ist Gottes Liebe nicht verloren. Der Rat Jesu: »Meine Freunde, fürchtet euch nicht vor denen, die den Leib töten können und danach nichts mehr tun können« wird im Wissen um Gottes Liebe gesprochen. »Denn wer sein Leben erhalten will, der wird es verlieren; wer aber sein Leben verliert um meinetwillen, der wird es erhalten.« Der erste Teil dieses Spruches gehört wohl heute vor allem in das Ohr derjenigen, die den gewalttätigen Frieden mit Waffen sichern und erhalten wollen. Der zweite Teil gilt heute allen, die befürchten, sie könnten einer gegen sie gerichteten Gewalt nicht gewachsen sein und wären deshalb nicht stark genug, auf Waffen zu verzichten. Wären sie gewaltlos, könnten sie ihr Leben verlieren. Wie Janusz Korczak, wie Martin Luther King um Gottes Friedens willen ihr Leben verloren haben. Aber ihnen gilt die Zusage dieses Spruches. Wer nicht aus der Furcht, sondern aus Gottes Liebe lebt, bleibt in dieser Liebe. Damit überwindet er auch Raum und Zeit, keine Gewalt kann ihm das entziehen, woraus er lebt.

Weihnachten ist das Fest der Liebe und des Friedens. Der Frieden Gottes wandelt Furcht in Freude.

Ich freue mich auf eine Welt, in der wir uns in unserem Alltag durch Gottes Licht wie die Hirten erleuchten lassen, in der wir unsere Furcht voreinander, vor uns selbst vertreiben lassen. Ich freue mich auf eine Welt, in der Ost und West aufeinander zugehen und die Schuld am Süden wiedergutzumachen versuchen. Ich freue mich auf eine Welt, in der Gewalt nicht mit Unterwerfung oder Gegengewalt beantwortet wird, sondern mit gewaltlosem unbeugsamen Widerstand. Ich freue mich, in dieser Welt Zeichen der Gegenwart Gottes zu sehen.

Kurt Scharf
Gottes Liebe gilt allen

Das Geschehen in der Christnacht wird gedeutet durch den Lobpreis und den Ruf der Scharen des himmlischen Heeres:

»In den Himmeln: Gottes Macht! Licht! Und Herrlichkeit!
Auf der Erde: Gottes Frieden! Frieden allen, die er liebt!«

Daß es dazu komme, darum wurde Jesus der Christus geboren. Mit dem Ereignis beginnt ein Prozeß, beginnt der Prozeß, der die Völker der Erde, der die sichtbare und die unsichtbare Welt des Alls zur Vollendung führt und der – schon an seinem Beginn – eben durch dies Ereignis nach seinem Wesen und in seinem Ausgang entschieden ist. Die Begleiterscheinungen der Geburt Jesu in diese Welt hinein kennzeichnen den Verlauf des göttlichen Verfahrens und die Mittel, deren er sich dafür bedienen wird. Die Begleiterscheinungen sind Schande – für Mutter und Vater –, Armut, Entbehrung, Unstetheit – für Eltern und Kind –, Todesdrohung für das Kind. So beginnt der Weg *des* Lebens, in dem Gott seine Absicht mit uns Menschen, sein Wesen, seine Beziehung zu uns, sich selbst der ganzen Schöpfung mitteilt. So ist Gott, so nimmt er Widerspruch, Nichtachtung, Lästerung hin, so überwindet er den Widerstand, die Rebellion seines »Ebenbildes« gegen sich, wie der, in dem er sich kundgibt, mit seinen Widersachern umgeht, mit seinen Mördern und Richtern noch vom Kreuz herab! Das Ziel wird erreicht. Um der Würde der Freiheit des Geschöpfes, um der Autonomie der Schöpfung willen kann es nur auf diese eine Weise verwirklicht werden.

Das im Ruf des himmlischen Heeres verkündete Ziel umfaßt Himmel und Erde. Der in der Christnacht beginnende Prozeß vollzieht sich in den beiden Welten Gottes, in der unsichtbaren und der sichtbaren, in enger Verknüpfung miteinander und in Wechselwirkung aufeinander. »Wie im Himmel, so auf Erden« heißt auch im Gebet des Herrn nicht, daß, was im Himmel vollbracht ist, was dort schon gilt, auf Erden, weil es noch aussteht, erbeten werden muß; Jesus lehrt die Seinen beten um den Sieg des Heilswillens seines Vaters »wie auf Erden, so auch in der unsichtbaren, überirdischen Welt«, den Sieg über die Herrschaften, Mächte und Gewalten, die verführerischen Dämonien, die Todesmächte, die sich den Anschein geben dürfen, als beherrschten sie und nicht der Weltenschöpfer das Sinnen und Trachten des menschlichen Herzens und den Ablauf der Natur- und Völkergeschichte. »Führe ihre Entmachtung, über die entschieden ist, zur Evidenz, zur allen einleuchtenden Klarheit! Auch vor den Augen deiner Feinde auf Erden!« Das sind Tenor und Refrain der Gebete unterdrückter Christen in Unrechtsdiktaturen. Solches Beten nennt das neue gute Sein, um das die dritte Bitte des Vaterunsers inständig zu Gott fleht. Sie hat Grund und Gewißheit im Geschehen der Christnacht. Aber – eben – trotz Geburt, Kreuzigung, Auferstehung und Himmelfahrt des Gottessohnes entbrennt Krieg im Himmel (Offenbarung des Johannes Kapitel 12, Vers 7!); Michael und seine Engel müssen den Kampf aufnehmen gegen den Drachen, um ihn und seine Engel aus dem Himmel zu vertreiben. Es bedarf noch des Gebetes »Dein Reich komme, dein Wille geschehe – im Himmel und auch auf Erden!«. Daß es in der Geschichte Deutschlands zum »Dritten Reich« hat kommen können, ist Schuld unseres Volkes und seiner Regierer und Lehrer in Jahren und Jahrzehnten davor, furchtbare Schuld, das hat seinen Grund aber auch im Einbruch dämonischer Gewalten in das unbesetzte Feld eines philosophischen und ethischen Agnostizismus, der meinte, sich wertfrei halten zu können, ja zu müssen. Die Gewalt der Verführung, der unser Volk in den dreißiger Jahren erlag, der Zwang, der von ihr ausging, waren für Christen, die sich ihrer zu erwehren suchten, das biblische Phänomen der Besessenheit. In den Erfolgen und den Verbrechen metaphysischen Ausmaßes des Diktators und seiner Tribunen erkannten wir die »Wunder des Antichrists«, die rätselhaften Bewahrungen, die ihm widerfuhren, die überraschenden Konstellationen, die seinen Plänen wieder und wieder zu Hilfe kamen, wurden von uns erlebt als dämonisches Verhängnis gemäß den Kategorien der alt- und neutestamentlichen Apokalypsen.

In der Christnacht wird die Herrlichkeit des neuen Weltzeitalters sichtbar (sie beginnt auf Erden – glaubbar – für sehende und hörende Elende, Ausgestoßene, durch wilden Beruf Deklassierte!), und Gottes Eingriff in der Christnacht ruft die »Tiere aus dem Abgrund«, die »gefallenen Engel«, die Dämonien auf den Plan. (Ihr Aufstand gegen ihren Schöpfer gewinnt an böser Qualität, an Intensität und an Dimension bis zu der Höchstleistung – in dieser dreifachen Hinsicht – an Völkermord in unserem Jahrhundert; er wurde zu maschineller Perfektion entwickelt gegen Fremdrassige, gegen Fremdgläubige, gegen die Glieder des Gottesvolkes des Alten und Neuen Bundes; der Vernichtungswille, die Kalkulation einer Totalvernichtung nimmt Denkweisen und Formen masochistischer Besessenheit an.) Wie der Kampfplatz Himmel und Erde sind, so ist der Ort des Paradieses auch diese Erde. »Auf der Erde: Gottes Frieden! Frieden allen, die er liebt!« Der Frieden Gottes, das Sein alles Einzelnen als ein Werden in »Freiheit, Gerechtigkeit und Teilhabe« unter allem übrigen Besonderen in nicht geringerer freier und angemessener Beteiligung des Anderen am Erschaffen des Geschehens, wird *allen* verkündet. Gottes Heil kann niemanden auslassen, denn er liebt alles und alle, die er geschaffen hat. Die Bibel lehrt uns, das Motiv der Schöpfung sei Gottes Verlangen gewesen, ein Gegenüber zu haben, das er lieben könne und das die Freiheit erhalten sollte, ihn wiederzulieben. Freiheit, Liebe in Freiheit gibt der Verweigerung Raum. Liebe ist nur Liebe, wenn sie in Freiheit gewährt wird. Gottes Allmacht und Allwissenheit kann seine Schöpfung nicht aus der Absicht seiner Liebe entlassen. Seine Liebe wendet sich der abgefallenen Welt auf immer neue Weise zu, überwältigend einzigartig und vollkommen in Geburt und Dasein des Jesus Christus. Er stirbt nicht vergeblich. Seine Auferstehung ist kein partieller, nicht ein an Bedingungen und Vorbehalte gebundener Akt. Die Botschaft der Engel in der Nacht der Geburt gibt dem einen universalen Ausdruck: »Frieden allen, die er liebt!« Es heißt nicht: »die ihn lieben«! Der deutsche Relativsatz darf auch nicht als einschränkender Bedingungssatz verstanden werden. »Alle, die Gott liebt«, sind alle seine Geschöpfe. Es gibt niemanden, den Gott nicht liebte. Auch den verruchten Empörer, den frevelnden Verächter seiner Liebe und seines Willens gibt er nicht auf; nichts und niemanden gibt er endgültig verloren. Im Urtext steht ein griechisches Hauptwort, das mit »Wohlgefallen« übersetzt worden ist. Es bedeutet ursprünglich »Gut-meinen«. »Frieden auf Erden den Menschen, mit denen Gott es gut meint!« Der deutsche Relativsatz wie das griechische Hauptwort enthalten die Begründung für die Gabe des Friedens: »Denn Gott meint es gut mit ihnen.« Eben weil er sie – alle – liebt!

Die Zusage der Christnacht, so verstanden, und eine darauf gründende Zuversicht nehmen den Warnungen Jesu in seinen Gerichtsreden nichts von ihrem Ernst. Sie, die Gerichtsreden, gerade sie, locken, um des eigenen Friedens und Glückes willen heute und hier, hienieden, zu *hören*. Wie Gott sein volles Heil den Menschen auf Erden ohne Bedingungen, ohne jede Vorleistung von ihrer Seite, anbietet, wie er es ihnen für ihr Leben miteinander im auslaufenden Weltzeitalter, schon in ihm, anbietet, so in unbedingt vertrauender Hingabe, ohne Rück-Sicherung aufgrund »klug-machender, böser Erfahrung«, dürfen wir Menschen alle uns einlassen auf die Regeln der Freude, die er nennt: »Freuen dürfen sich alle, die ...«, »Wohl geht es allen, die ...« »gewaltlos sind und Freundlichkeit üben«, »die Frieden bringen«, die ihn zu stiften nicht aufgeben, nicht nachlassen. »Das Land gehört ihnen«, vor aller Welt »werden sie nach Gott genannt«, »tragen sie Gottes Namen«. Wer – aber – seine Einladung ausläßt, bringt sich um die Freude für den Tag und für den kommenden bis zu dem Tag, an dem er ihr folgt. Der ist gerichtet, bis er sich ausrichten läßt unter den Heimsuchungen, den »Gerichten« Gottes, durch die Gott immer neu um ihn wirbt. Die die Seligpreisungen Jesu – vorbehaltlos – aufnehmen, helfen der Menschheit zu größerem Wohl. Die sich nicht auf sie einlassen, die sie mit Einschränkungen abzusichern suchen, verzögern ihre gute Wirkung, sie tragen mit Schuld daran, daß der Unfriede wächst. Mit denen, die sich Dämonen und »fremden Göttern« ausliefern, leisten sie Beihilfe bei der Zerstörung der guten Schöpfung Gottes und zur Totalgefährdung seiner Menschheit.

Es gilt, Entscheidungen zu wagen, wenn wir die Botschaft der Christnacht vernehmen, zwischen der Unbedingtheit Gottes, dem Vertrauen auf die Wahrheit seiner Worte, und dem Trug der verführenden Götter. Im enthüllenden, durchdringenden Licht der Erscheinung des Gottessohnes auf Erden verlieren die Götzen ihre Masken. Die Diener der Götzen werden zur Schau gestellt. Wer Schutz der Freiheit sagt, wer um ihretwillen Hochrüstung fordert und zugleich um wirtschaftlichen Gewinnes willen an *den* Feind, der die Freiheit bedrohe, aus den eigenen Beständen den aufbereiteten Stoff, das von jenem zusätzlich benötigte Material für die Herstellung der Todeswaffen liefert, der sei bloßgestellt als verfallen dem Unheilsgötzen des Mammonismus! Wer Freiheit der Märkte fordert, um für die Masse der Konsumenten, für die Ärmeren unter ihnen billig zu produzieren, um vor Ort in wirtschaftlich schwächeren Gebieten Arbeitsplätze zu schaffen, und zugleich in rücksichtsloser Ausnutzung seines technischen Vorsprunges im andern Erdteil Landstriche verwüstet, Luft und Wasser vergiftet, Boden enteignet oder enteignen läßt und land- und klimagemäße Berufe dadurch zerstört, der heiße – zu Recht – Anbeter, Büttel des Moloch! Und wer Regierender ist in einem einflußreichen Staate und sich mit seiner Nation auf Beachtung und Schutz der Menschenrechte verpflichtet hat und zugleich, wissend von den geschilderten Handhabungen, von den Praktiken der Mächtigen unter den Managern, sich nicht gegen solche Verletzung der Mensch*heits*würde wendet, der werde angeklagt als Diener des Baal, hinkend auf beiden Seiten, als Baalspriester, der der Nichtigkeit opfert! Der Christ darf der Entscheidung des Für oder Wider nicht ausweichen. Tut er es, solange die Macht des Bösen noch gering ist, kommt die Entscheidung – mit Sicherheit – in Kürze mit verstärkter Gewalt auf ihn zu. Sich gegen die Götzen zu stellen, wird von Mal zu Mal schwerer werden.

Es ist Amt und Auftrag der Kirche von dem Herrn, dessen Leben auf Erden begann, wie es Lukas und Matthäus berichten, den Gebietenden in Wirtschaft und Staat, wenn sie den bösen Götzen sich fügen, entgegenzuhalten, daß sie wider den Glauben handeln an den einzigen Gott und damit wider die Gesetze der Vernunft. Es ist Unglauben und unvernünftig, für die Lebensbereiche der Politik, der Wirtschaft und des Umgangs der gesellschaftlichen Gruppen miteinander Eigengesetzlichkeit zu postulieren und für die wissenschaftliche Forschung Wertfreiheit zu verkünden. Mündigkeit der Welt, unter diesen Leitsätzen praktiziert, verfällt der Logik des Wahnsinns einer Selbstvernichtung aller durch alle. Amt und Auftrag der Kirche haben den andern Weg zu zeigen, *den* Weg, der zum wahrhaften Leben führt. Am Anfang des Weges zur Rettung steht der Stall, am Ende der Galgen, der Tod am Galgen, der Erlösung schafft, der Zukunft und Hoffnung erschließt! Christliche Kirchen dürfen sich nicht hinausdrängen lassen aus diesem Doppelmandat. Sie haben zu warnen und Richtung zu zeigen an die Adresse der Handelnden auf allen Feldern des Seins in Natur und Geistes- und Völkerwelt. Überall, ausnahmslos gilt das neue Lebensgesetz, das die Schrift in ihrer Gesamtheit (nicht im herausgegriffenen Einzeldiktum, wahrlich nicht!) einer leben-wollenden Menschheit darbietet: Das das Leben zerstörende Böse wird aus dem Felde getrieben nicht durch ein Eingehen auf seine Kampfesweise, nicht durch Anwendung gleicher Mittel und Waffen. Es wird überwunden erstens durch offenes, warnendes Zeugnis, aufdeckendes Zeugnis der Gottesnachricht, zweitens durch Gebet, fürbittendes Flehen für Unterdrückte und Unterdrücker und drittens durch die Bereitschaft, vom Stall, aus der Höhle in

Bethlehem bis zum Galgen, bis zum Zeugentod dem zu folgen, der dafür, eben *dafür* das Vorbild gegeben. Vom Beginn seines Erdenlebens an sind Art und Würde seiner Sendung darin eindeutig: Das Gute wird nicht gewonnen durch Gewalt! Wie für den Meister ist für die Schar seiner Schüler dieser Vorweis, dieser Hinweis Gottes unabdingbar verbindlich.

Die Frage, in der politischen Diskussion zur »Nachrüstung« kürzlich gestellt (sie paßte in ein Verfahren zur Gewissensprüfung eines Kriegsdienstverweigerers!): »Hätten Sie die Möglichkeit gehabt, den Kindermord zu Bethlehem mit Waffengewalt zu verhindern, hätten Sie die abwehrende, blutige Gewalt nicht – um Gottes willen – einsetzen müssen?« wird durch die Weihnachtsgeschichte nicht im Sinne des Fragestellers beantwortet. Gott gibt dem Joseph nicht ein, ein Attentat auf Herodes vorzunehmen, nicht einmal, die Bewohner des Ortes von der drohenden Gefahr zu unterrichten, daß sie versuchen könnten, sich ihrer zu erwehren. Er soll sein Kind, dies zum Leiden geborene, diesmal noch erretten; doch schon seine Geburt, des Weltenheilandes Lebensbeginn, wird begleitet vom Blutrausch des Bösen und vom unbegreiflichen, bittersten Leiden Unschuldiger. Durch Waffengewalt wollte Gott seinen Sohn nicht schützen, gegen Herodes nicht und nicht gegen die Häscher des Hohen Rates in der Geschichte seiner Passion. Zum Befreiungskampf gegen die Fremdherrschaft der Römer hat er sein Volk nicht erregt. Er hat den Gebrauch tötender Waffen gegen Menschen uneinschränkend untersagt. Aber läßt die Erzählung vom Kindermord in Bethlehem nicht die andere Frage zu, die Frage: »Ist nicht eine Obrigkeit, die meint, die Jugend des Landes zum Wehrwillen erziehen zu müssen, zur Bereitschaft, Waffen einzusetzen, die unbeteiligte Menschen zu Hekatomben wie Ungeziefer vernichten, ist nicht eine Obrigkeit, die dies gar schon an Kindern in obligatorischem Unterricht übt, dem Kindermörder Herodes gleichzustellen?« In der Zeit der nationalsozialistischen Diktatur haben Prediger der Bekennenden Kirche ebendiese Geschichte gegen die Erziehung in Hitlerjugend und Jungvolk in solcher Weise ausgelegt und sind dafür ins Konzentrationslager gegangen. Sie taten es schon in den ersten Jahren des »Dritten Reiches«; die Jahre seines Endes haben ihnen recht gegeben gegen die nicht nur anfangs zustimmungsfreudige Mehrheit der Deutschen. Die Kirche greift nicht in ein fremdes Amt, wenn sie in einer Frage solcher Relevanz das Zeugnis der Heiligen Schrift, das Wahrheitsgeschehen, das die

Schrift be-»schreibt«, öffentlich geltend macht. Täte sie es doch klarer, eindeutig!

Kirche ist dazu gestiftet, die Nachricht vom Fürsten des Friedens auszubreiten, ihn anzubieten als den, der zeigt, wie Friede wird, und mit dem der Friede auf Erden begonnen hat. Das allen bestimmte »Höchste Gut« darf sie nicht Auserlesenen reservieren, und sie darf die Hergabe des Gutes nicht vertagen. »Gottes Frieden auf der Erde! Frieden allen, die er liebt!« Er liebt alle hienieden heute!

Martin Uhle-Wettler
Kundschafter der Zukunft

Im Frühjahr 1945 warfen feindliche Flugzeuge, vermutlich von der Flakabwehr rings um die Stadt Leipzig abgedrängt, über unserer Gegend einige Dutzend »Weihnachtsbäume« ab.

Sie standen rot-gelb-grün leuchtend mit ihrem kalten, künstlichen Licht hoch oben am Himmel, lange, bis sie der Wind abtrieb und irgendwann und irgendwo zum Verlöschen brachte. Das Ereignis faszinierte mich als Jungen so stark, daß ich auf den romanischen Kirchturm des Dorfes stieg, um von dort oben das Schauspiel besser verfolgen zu können.

Plötzlich ein unheimliches Rauschen vom Himmel herab, das immer stärker und bedrohlicher wird. Angsterfüllt stürme ich im Dunkeln die vielen Stufen im Turm hinunter – eine kleine, hilflose Kreatur, die nur sich retten will – und jage dem Unterstand zu, den wir vor Tagen im Garten selbst gebaut hatten, weil uns das große Haus nicht mehr sicher erschien.

Wir saßen da aneinandergedrückt, diese wenigen Menschen, still und abwartend, bis am Dorfrand irgendwo die erste Zeitzünderbombe hochging und das lastende Schweigen zerriß. Alle Viertelstunde, zehn-, zwölfmal, folgte wieder eine Explosion. Erdbrocken und Steine gingen auf uns nieder. Eine Frau schrie langanhaltend. Dann war es endgültig still. Das Schlimmste, für mein Empfinden, war diese vollkommene Dunkelheit. Vom Eingang oder auch Ausgang des Unterstandes wehte es *in dieser Nacht* kalt herein. Mit vierzehn Jahren erlebt man so etwas wie eine Vorahnung von der Preisgegebenheit des Lebens, inmitten einer feindlichen Welt.

Nach langem, angespannten Warten kehrten wir dann ins eigene Haus zurück, noch im Einschlafen, erschöpft, dem scheinbaren »Frieden« mißtrauend. Wenn nun wieder eine Bomberstaffel abgedrängt sein sollte? Wenn das kalte, künstliche Licht wieder aufstrahlt – und nun *über uns* – was dann?

Das ist eine sehr frühe Erfahrung. Wie kommt es, daß ich jetzt wieder an sie denken muß? In den ersten Monaten dieses Jahres 1981 hat die Welt, soweit sie überhaupt politischer Wahrnehmung fähig war, mehrfach den Atem angehalten. Wir haben, jedenfalls auf der nördlichen Halbkugel, einen Klimasturz erlebt, der sich lautlos, unheimlich vollzog. Die Zeitungen schreiben, ein wenig unterkühlt, von »der Möglichkeit einer nuklearen Auseinandersetzung« zwischen den beiden Weltsystemen.

Als ferne Reminiszenz fällt mir ein Gedicht Günter Kunerts ein, ein Gedicht von bitterer Ironie:

Über einige Davongekommene

Als der Mensch
unter den Trümmern
seines
bombardierten Hauses
hervorgezogen wurde,
schüttelte er sich
und sagte:
Nie wieder.

Jedenfalls nicht gleich.

Ist das bereits kein möglicher Appell an unser Bewußtsein mehr, weil wir uns alle in *Zwängen* vorfinden, denen wir nicht entrinnen können?

Wir wissen nun, wie verletzlich unser aller Glück ist.

»Bunker zum Schutz gegen Bomben in Städten wären bei einem Nuklearangriff nutzlos gegenüber den Druck-, Hitze- und Strahlungswirkungen. Schutzräume bis zu 10 km Entfernung von dem Zentrum einer Megatonnen-Detonation würden zu einem Ofen für ihre Nutzer werden. In größeren Entfernungen würden Bunker nur vorübergehenden Schutz gegen die immense Menge an radioaktivem Niederschlag gewähren. Man würde daraus in eine Umgebung auftauchen, die wie ein Alptraum ist, – das Wasser wäre untrinkbar, die Lebensmittel verseucht, die ökonomische, ökologische und soziale Struktur, von der das menschliche Leben abhängt, zerstört.

Für die Überlebenden bestünde die große Gefahr von Epidemien als Folge davon, daß überall unbegrabene Menschen- und Tierkörper liegen, daß Viren, Bakterien, Pilze und Insekten, die gegen die Strahlung resistent sind, sich vermehren und daß der von der hohen Strahlung angegriffene Körper unfähig wäre, Widerstand gegen Infektionen zu leisten.«

»Es gibt keine denkbare effektive medizinische Reaktion nach einem nuklearen Angriff. Selbst wenn alle medizinischen Mittel intakt wären, wäre die Behandlung der unmittelbar Überlebenden nahezu unmöglich.« (Aus dem Bericht der medizinischen Arbeitsgruppe bei der 30. Pughwash-Konferenz im August 1980 in Breukelen, an der Ärzte und Wissenschaftler aus zahlreichen Ländern einschließlich Brasilien, ČSSR, Frankreich, Polen, USA und UdSSR teilnahmen.)

Verhallt solch ein Votum einer internationalen Konferenz ungehört?

Läßt sich das Mene-tekel unserer Zivilisation überhaupt noch übersehen?

Wie lebt man mit solch furchtbarem Wissen? Mit welchem Gefühl streicht man seiner Frau, seinen großgewordenen Söhnen über den Kopf? Sind das alles nur Chimären, die uns im Dunkeln heimsuchen, und dann bricht wieder der neue, strahlende Tag an, der sie verscheucht? Sind das Ausgeburten der Angst?

Ich habe meine Schwierigkeiten mit der momentanen Stille. Ticken irgendwo, wenn ein so altmodischer Vergleich erlaubt ist, bereits die Zeit-Zünder? Tief in mir hat die Flut gelegentlich durchsickernder Informationen aus dem militärisch-industriellen Komplex eine Sensibilität erzeugt, die nicht wieder eingeschläfert werden kann. Unendlich viele Menschen sind aufgeweckt und aufgeschreckt!

Vielleicht sind wir mit dieser Entwicklung ziemlich dicht an der Weihnachtsgeschichte. Oder sind wir schon mitten drin – in der großen, tiefen Beunruhigung?

Ich betrachte diese unendlich vielen Menschen als ein *Hoffnungspotential*, überall in der Welt. Ich möchte mit ihnen irgendwo zwischen den apokalyptischen Visionen und Extrapolationen, die sich auszubreiten scheinen, und dem verordneten Optimismus hindurch. Ich möchte unter allen Umständen nicht kopfscheu werden. (Ich werde mir keine Plastetüte über den Kopf ziehen, wie es gelegentlich die Zivilverteidigung empfiehlt, für den Ernstfall!) Ich möchte wie Joseph *unterwegs* sein zur Stadt Davids, die ich auf keinem Atlas finde. Dieser kleine, ohnmächtige Jude, der da loszieht – er hat es mir angetan. (Eigentlich ist es ja ein ganzes Volk, das im Finstern wandelt. Jesaja 9,1!) Ich sehe zunächst nur diesen *einen* Menschen, mit seinen dunklen, wissenden Augen, voll von Erfahrung, auch leidvoller, aus einer bereits tausendjährigen Geschichte Israels. Er geht, Hand in Hand mit seiner Frau, über die Berge Galiläas und Judäas, auch durch die tiefeingeschnittenen Talsenken, er verschwindet vor unserem Blick und taucht wieder auf ... Auf den Bildern von Paul Klee findet sich manchmal am Bildrand ein Pfeil, der eine fast metaphysische Bedeutung hat. »Weiß man denn, was wichtiger ist, das Leben jetzt oder das, was kommt?« (P. Klee, 1930). »Er hatte den Tod nie als etwas anderes empfunden als ein Hin-Übertreten auf die andere Seite. Seit Kairuan (Nordafrika-Aufenthalt!) hatte er das Leben als ein dauerndes Überschreiten aufgefaßt, als ein sich selbst Überholen«, bemerkt sein Biograph Will Grohmann. So empfinde ich diesen Aufbruch, diesen Exodus, zielgerichtet und in Eile vollzogen, getragen von einer Grundüberzeugung, für die kein Wort zureichend erscheint.

Besitzt Joseph einen Ariadnefaden, an dem entlang er in die kommende, die messianische Zeit (vgl. Lukas, 4,17–22) einwandert? Ich könnte mir denken, daß sich die große Anspannung auf seinem Gesicht zeigt: *Kundschafter der Zukunft* zu sein. Der Nach-Augustus-Zeit.

Er scheut dabei nicht die Mühen der Ebenen. Er akzeptiert nicht für einen Augenblick die vorgefertigten Bilder, die man auch für ihn bereithält, die Welt- und Geschichts- und die Feindbilder. Absolut bilderlos – er ist ja Jude und hat nur die Verheißung (des kommenden Messias) – ist er in Wirklichkeit auf der Höhe der Zeit. Inmitten einer totalen Mobilmachung, wie sie Lukas wohl schildert, behält er einen klaren Blick. Er läßt sich nichts vormachen. Mitunter kann er grimmig lachen. Manchmal wird er sich auch einmal zu Boden werfen, nach einem Tagesmarsch mit der hochschwangeren Frau. Er wird wieder aufstehen und weiter vorwärts gehen, von einer rätselhaften Kraft erfüllt, die sich zu seiner eigenen Überraschung immer wieder erneuert. Es gibt, so meine ich, so spüre ich, viele solcher Hoffnungsträger, Christen und Nichtchristen, in ganz unterschiedlichen Bereichen unserer Wirklichkeit. Zaghaft noch, bisweilen, und für unsere Ungeduld viel zu langsam, bildet sich mancherorts die *Ökumene der Geringen und der Machtlosen,* nicht nur in Lateinamerika, derjenigen, die unterwegs sind zu Verhältnissen der *Solidarität.* Da sind Menschen, die das tägliche Brot, das knapper werdende Brot und das kürzer werdende Leben, Einsichten und Hoffnungen gegen allen Augenschein miteinander teilen, ja teilen können! Wir haben gewiß keine großen Konzepte mehr, wie sich Frieden herstellen ließe. Wir sind skeptisch geworden. Geht es vielleicht um etwas viel Einfacheres, Bescheideneres? Nämlich darum, die Hoffnungsfunken in der Wirklichkeit zu entdecken und sie entsprechend – für sich und andere – festzuhalten?

Ich möchte mir meine Wirklichkeit nicht einfärben und einschwärzen lassen. Wie die Hirten möchte ich auf der Hut sein, Verantwortung für Werte, Anschauungen und für Menschen übernehmen. Im persönlichen Gespräch könnte ich das konkret benennen. Es geht sicher auch darum, daß wir uns gegenseitig *wach*halten unter einem hohen, manchmal dunklen Himmel.

Ich denke an eine Rüstzeit auf Schloß Mansfeld. Wir hatten Franz Fühmann eingeladen, der auch gern zu uns kam und anderthalb Tage mit gleichbleibender Intensität, Wachheit und Freundlichkeit die Fragen der weit über hundert Studenten beantwortete. Er vermittelte uns vollkommen unaufdringlich ein Grundgefühl, besser ein Grunderlebnis: Was wir in geistiger Hinsicht tun – in diesen Augenblicken –, das ist ganz wichtig! Ich denke an eine andere Begegnung mit einem altgewordenen jüdischen Schriftsteller an gleicher Stelle. Ich sehe das scharfgeschnittene Profil dieses Mannes, Ethan, dem königlichen Chronisten, gleichend, inmitten der vielen jungen Gesichter ... und mit einem Mal bemerke ich den ungeheuren Wahrheitsernst, der von ihm ausgeht. Dieser eine, da vor uns, wächst über Ethan, über sich selbst hinaus. Er folgt, vollkommen säkular, seinem Gewissen. Nur seinem Gewissen. Hier in diesem Land, das er erneut zu seiner Heimat gewählt hat, nimmt er eine Wächterfunktion wahr. Sub specie mortis.

Ich denke an den katholischen Priester, mit dem mich eine lange Weggenossenschaft verbindet. Als ich ihn, in einer klaren Januarnacht dieses Jahres, zu seinem Wagen begleite (er hat bei uns über ökumenische Hoffnungen referiert), sage ich, aus dem Gefühl heraus, etwas sagen zu müssen: »Von den siebziger Jahren haben wir uns soviel versprochen, und es ist kaum etwas davon Wirklichkeit geworden. Von den achtziger Jahren erwarten wir nicht viel. Vielleicht kommt da etwas in Bewegung, was wir noch gar nicht ahnen ...« Mir fehlen die Worte, um den Satz zu vollenden. »Ja!«, sagt er und stellt die Aktentasche mit den vielen Büchern hastig auf die kalte Erde, lächelt – wunderbar – und umarmt mich plötzlich, einer Eingebung folgend, im Dunkeln, und ich empfinde diesen vollkommen unerwarteten Gestus wie ein Versprechen: Brüderlichkeit – als Notgemeinschaft – ist jederzeit möglich. Lange sehe ich den im Dunkeln verschwindenden Lichtern des Wagens nach, der diesen Menschen wegführt ...

Ich denke an die ungarische Bibliothekarin, der ich, hoch über der Stadt Budapest stehend, über ein Lichtermeer blikkend, von unseren abgestorbenen Hoffnungen erzähle. »Aber es werden doch bei euch immerzu *Kinder* geboren«, sagt sie eindringlich, beinahe etwas tadelnd. Wie oft ist mir dieser eine Satz in den letzten Jahren wieder eingefallen!

Ja, ich glaube daran, daß immer wieder etwas Neues, unter Schmerzen, geboren wird. Das ist schon so im natürlichen Bereich. Wieviel mehr im geistigen.

Das *Kind,* dessen Geburt in der alten hellenistischen Geschichte verkündet wird, läßt uns mit anderen Augen in die Welt sehen. Wir wollen uns nicht besser machen als wir sind. Es kann schon passieren, daß einem schwarz wird vor Augen. Vor Müdigkeit und Erschöpfung. Wir sind, denke ich, etwa seit 1976 *ärmer,* vielleicht auch matter geworden. Aber dann reißt mich doch die Pointe der Geschichte mit: daß Jesus in der vollendeten Armut, an dieser einzigen Stelle wohlgemerkt, zur Welt kommt. Vielleicht mußte uns manches wieder aus der Hand geschlagen werden. Vielleicht sind auch Enttäuschungen notwendig? Wir sind doch durch den Gang der Ereignisse nicht widerlegt. Im Gegenteil.

»Bleibe, o Herr, bei uns, denn es ist Nacht; und es ist schwer, den Tag über die Freude deines zukünftigen Königreiches den einschläfernden Zeiten entgegenzusetzen ... O Herr, wir nehmen mit Unrecht Anstoß an der Verwirrung der Zeit. Denn du wirst lauter Wunder deines Reiches daraus machen, die wir jetzt nicht sehen können« (Friedrich Christoph Oetinger, 1702–1782).

Es gibt nun einmal Wahrheiten, die ein einzelnes Menschenleben bei weitem übersteigen und überschreiten. Vielleicht müssen wir das erst einfach wieder lernen.

Ein Medizinstudent, vielseitig begabt, sagt eher beiläufig und ohne große Betonung: »Wissen Sie, der große Frieden entsteht aus lauter tausend kleinen Frieden!« Dieser »junge« Mann hat bei den »Baueinheiten« der Nationalen Volksarmee gedient, ohne eine Waffe anfassen zu müssen (also eine Art Ersatzdienst abgeleistet). Er hat jahrelang, ohne Bitterkeit, auf das Studium gewartet, das er sich so sehr gewünscht hat, und dabei einen Spielraum der Interessen und Wahrnehmungen gewonnen, der ganz beachtlich ist. Übrigens ist er Christ geworden in diesen Jahren. Er hat manchen, der alerter war, an sich vorüberziehen sehen. Das hat ihm, scheint es, nicht allzuviel ausgemacht. Er macht mich in diesem kurzen Gespräch darauf aufmerksam, daß *wir* für alles mitverantwortlich sind. Die allgemeine Friedlosigkeit hängt ja irgendwo auch mit uns zusammen. Wir können uns nicht aus allem herausziehen, selbst wenn wir es wollten. Es ist *unsere* Welt, in der sich eben auch unser Mißtrauen und unsere Angst und unsere Friedlosigkeit widerspiegelt und wiederfindet! Wie umgekehrt auch gilt: Jeder Erweis eines Vertrauens, jedes Wort und jede Geste des Schalom wirkt unauffällig weiter, ist vielleicht Teil und Moment einer »Kettenreaktion«, die die Welt erhält, gegen allen Augenschein.

Wir haben in den letzten Jahren schlimme *Ohnmachtserfahrungen* durchmachen müssen. (Ich präzisiere an dieser Stelle mit Absicht einmal das Wörtchen »wir«. Ich meine die Sensiblen, die Verletzlichen, also diejenigen, die nicht bereit sind, jede Schwenkung mitzumachen.) Wir haben Vergeblichkeitserfahrungen gemacht, die an die Substanz gingen. In einem Gedicht von Thomas Brasch heißt es:

> Wie viele sind wir eigentlich noch
>
> Der dort an der Kreuzung stand,
> war das nicht von uns einer.
> Jetzt trägt er eine Brille ohne Rand.
> Wir hätten ihn fast nicht erkannt.
> ...
> Wer sind wir eigentlich noch.
> Wollen wir gehen. Was wollen wir finden.
> Welchen Namen hat dieses Loch,
> in dem wir, einer nach dem andern,
> verschwinden.

Wenn man diese wenigen Zeilen in Ruhe liest, bemerkt man vielleicht gegen Ende das suggestive Todessymbol. Es ist ein Grundgefühl, das sich hier anmeldet, und ich möchte es nicht verdrängen oder kompensieren.

Meine eigenen Ohnmachtserfahrungen sind mir wichtig. Sie sind kostbar, weil es menschliche Erfahrungen sind. Sie bringen mich in die Nähe des Gekreuzigten, des Menschensohnes, der nicht hat, »wo er sein Haupt hinlege« (Lukas 9,58).

Manchmal bestaune ich das Lächeln der Mächtigen. Es wirkt einstudiert angesichts der Weltprobleme, die sich noch verschärfen. Vielleicht lächeln sie nur, damit ich keine Angst haben soll? Auch sie haben ihre Ohnmachtserfahrungen, sicher schlimmere als ich. »Manche, überarmiert, können kaum laufen« (Günter Grass).

Die Ohnmachtserfahrung hält uns auf der Erde fest, auf der das Kreuz steht.

Aber *in, mit* und *unter* den Ohnmachtserfahrungen machen wir Schalomerfahrungen, die das Leben, unser Leben, in ein anderes, hintergründiges, unauslöschliches Licht rücken.

Seit vielen, vielen Jahren freue ich mich beim Hören der Weihnachtsgeschichte schon auf die Stelle – für mein Empfinden ein Höhepunkt: »Und siehe, des Herrn Engel trat zu ihnen, und die *Klarheit des Herrn* leuchtete um sie, und sie fürchteten sich sehr« (Lukas 2,9). Ein Leuchten fährt durch diese Geschichte, ein geheimnisvolles Leuchten, dessen Ursprung nicht aufzuhellen ist. Hier stehen wir sicher an der Grenze dessen, was überhaupt sagbar ist. Der Engel, der da zu uns tritt und uns sagt, was wir uns nicht selbst sagen können, trägt für mich in einer frühen Phase die Züge meines Vaters. Wenn diese Worte in ihrem geheimen Sinnrhythmus gesprochen werden, stellt sich das Bezeichnete ein, unsere Angst, unsere Preisgegebenheit und unsere Seinsungewißheit aufhebend. Es ist, wie gesagt, nur ein unwiderstehlicher *Hauch* von Klarheit, der einen da, sekundenlang, trifft, aber mit dieser Ankündigung kann man leben.

Sie – die Hirten da auf der Nachtschicht – sahen die Realitäten, die ihnen bisher verborgen geblieben waren. Sie sahen vermutlich ihr eigenes Leben, so wie es in Wirklichkeit ist. Vielleicht sahen sie auch viel mehr: daß Gott nämlich den Armen ganz nahe ist oder ganz nahe kommt. Er wird einer von ihnen. Er identifiziert sich völlig mit einem der Armen, der für uns einen unvergeßlichen Namen trägt.

Davon ist mir irgend etwas schon in der kalten, romanischen Dorfkirche aufgeleuchtet, die ich zu Anfang erwähnte. Vielleicht war es nur eine Vorahnung der beiden grundlegenden Erfahrungen, die sich an dieser Stelle miteinander verschränken und zu kreuzen scheinen, der Ohnmachtserfahrung und der Schalomerfahrung. Wahrscheinlich war das mein Bethlehem, und davon zehre ich irgendwie, wie unendlich viele Menschen in der ganzen Welt.

Von daher gesehen ist Weihnachten und seine Geschichte in der Welt eine Art *Gegenlicht,* das die Realitäten anders wahrnehmen läßt. Für Lukas, der die hellenistische Kindheitsgeschichte in sein Evangelium aufnahm, ist die Welt unterwegs zu ihrer eschatologischen Vollendung. Hinter seinem Entwurf der

Heilsgeschichte »steht in Wirklichkeit eine Gewißheit, die für die nachösterliche Gemeinde lebenswichtig ist: Es ist alles sinnvoll und notwendig, was hier geschehen ist und noch geschehen muß. Die Welt steht jetzt im Zeichen des Menschensohnes, und in allem, was geschieht, ist der erhöhte Christus am Werk als der Kommende, Apk. 1,8; Hebr. 13,8« (K. Froer, Biblische Hermeneutik, 1961, S. 353).

Im Widerstreit und Widerspiel zu dem kalten, künstlichen Licht, das Menschen erzeugen, auch zu ihrer gegenseitigen Vernichtung, bemerke ich in der Tiefe der Geschichte ein *Hoffnungslicht,* das eher stärker als schwächer wird (vgl. Schritt für Schritt in seinem gedanklichen Aufbau das Lied EKG Nr. 32: »Dies ist die Nacht, da mir erschienen ...«).

In den letzten Monaten habe ich häufiger über den Begriff der »messianischen Wehen« nachdenken müssen, der möglicherweise hinter Römer 8, 18–28 steht. Ist das vielleicht eine Deutekategorie für unsere Zeit? Es wird vielleicht etwas Neues, Noch-nie-Dagewesenes geboren, unter ungeheuren Schmerzen, so möchte man glauben. Irgendwie, scheint es, zieht sich die ganze Welt im Schmerz zusammen, und wir haben ihn – an unserem Ort – jeweils ohne Selbstmitleid auszuhalten.

Schlimm wird es, wenn die Ohnmachtserfahrung die Erfahrung des möglichen Friedens (Schalom) zerstört. Und umgekehrt: Schlimm wird es auch, wirklich schlimm, wenn die Erfahrung des Christusfriedens unsere Ohnmachtserfahrungen einfach überspielt oder nicht mehr wahrhaben will.

Da, wo sich beide Erfahrungen überschneiden und *kreuzen,* nehme ich etwas von dem Persongeheimnis dessen wahr, der in äußerster Armut geboren wurde, lebte und starb (Markus 15,34).

Er, Jesus, ist für mich der Mensch, der nichts für sich beanspruchte. Er versuchte nicht, »verzweifelt ein Selbst zu sein« (Kierkegaard). Er konnte sich aufgeben. Er war so frei. Er wandte sich dem Unscheinbaren und Alltäglichen, das heißt seinem Mitmenschen zu. Erstaunlicherweise fragte er dabei nicht: Wo bleibe ich denn? Was wird aus mir? Er war nicht allwissend. Jesus spielte nicht die Vorsehung (in den Gang der Weltgeschichte), und er probte nicht – wie die Apokalyptiker – das Weltgericht in der gedanklichen Vorwegnahme. Er sagte zu Judas noch im Garten Gethsemane: »Mein Freund« (Matthäus 26,50), und wir haben keinen Grund, die Ernsthaftigkeit dieses letzten Kommunikationsversuches zu bezweifeln. Er lebte in einer spezifischen Freiheit und Gelöstheit, so daß er andere damit ansteckte. Immer wieder. Er nahm sie einfach in den Schalom mit hinein. Er legte die Menschen, die ihm – oft genug auch feindlich – begegneten, nicht fest. Er sah sie vielmehr im Licht künftiger Möglichkeiten. So lebte er bis in die qualvollen Stunden des Sterbens hinein, ohne sich selbst etwas vorzumachen (Matthäus 27,34).

Dieses Leben blieb Fragment. Vielleicht beruht darauf seine unbegreifliche Wirkung. Es schreit nach Forsetzung, Bestätigung, Erfüllung. Warum hören Nicht-Christen heute diesen Schrei oft deutlicher als wir? »Es besteht eine geheime Verabredung zwischen den gewesenen Geschlechtern und unserem. Wir sind auf der Erde erwartet worden. Uns ist wie jedem Geschlecht, das vor uns war, eine schwache messianische Kraft mitgegeben, an welche die Vergangenheit Anspruch hat« (Walter Benjamin). Was weiß ich von dieser *geheimen* Verabredung? Johannes Bobrowski schrieb die Zeilen:

Über der Bucht,
weit,
über dem Regen
farbenstrahlend aus Nebeln
der Bogen – Frieden
ist uns versprochen.

TRUTZ RENDTORFF
Das Licht der himmlischen Aufklärung

In den Himmeln: Gottes Macht!
Auf der Erde: Gottes Frieden!

Diese Übertragung weitet das Gesichtsfeld. So klingen die Worte wie die Quintessenz der Weihnachtsgeschichte. Sie stellen das bedrängte Wort »Frieden« in eine himmlische Perspektive. Das öffnet die Augen. Der Blick reicht weiter. Frieden ist mehr und anderes als ein Appell. Angezeigt wird eine heilsame Entsprechung: »Gottes Macht« – »Gottes Frieden«; Gottes Frieden ist die Realität seiner Macht, für uns: »In den Himmeln« – »Auf der Erde«.

Wäre es doch so! räsoniert der friedensbewegte und friedenssehnsüchtige Zeitgenosse. Wäre doch der Frieden die Macht auf der Erde! Rasch, in erster Reaktion, wird der Indikativ zum Konjunktiv und dieser zum Imperativ der Klage. Aber halt! Damit würde uns das Wort, auch in noch so eingängiger Übertragung, nicht helfen können. Wir würden uns nur abermals selbst beleuchten. Das ist unsere, die wohlbekannte Perspektive, die resignierte und entrüstete, die mit unserer Macht, unserem Friedenswillen gerüstete und darum ohnmächtige und entrüstete Perspektive. Also lasse man den Indikativ gelten, die Proklamation dessen, worauf wir bestehen können, dieses heilsam Bestehende! Das Wort sie sollen lassen stehn! Was lehrt es uns sehen, das Wort der himmlischen Perspektive, auf der Erde? Gott hat seinen Frieden mit der Erde gemacht, mit den Menschen. Haben wir ihm dazu Gründe geliefert? Den zureichenden Grund? Friedfertigkeit – sei es doch hier die Bereitschaft, die Welt mit Gottes Augen zu sehen! Oder doch wenigstens im Lichte der Worte, die davon künden. Da spielen offenbar unser Friedenmachen und Friedensichern, ungerüstet aber entrüstet, wohlgerüstet aber ratlos, nicht die erste Rolle.

Wie regiert Gott die Welt – vom Himmel her, auf der Erde? »Gott läßt seine Sonne aufgehen über die Bösen und über die Guten und läßt es regnen über Gerechte und Ungerechte«, so predigt der, den die Weihnachtsgeschichte ankündigt, auf dem Berge (Matthäus 5,45). Das Regiment aus dem Himmel, Gottes Regiment ist für alle da, weil es unabhängig ist. Jesus zur Rechten Gottes im Himmel, das ist für uns Bestätigung und Erneuerung des Vertrauens auf diesen Gott im Himmel, der auf der Erde regiert, aber eines unverdienten Vertrauens.

Zu dieser Entsprechung von Gottes Macht und Frieden erzählt die Bibel eine Geschichte, die der Verkündigung der Engel und dem Wort aus der Bergrede weit vorausliegt. Gott hat sich schon einmal die Frage gestellt, wie es aus seiner Perspektive weitergehen soll mit den Menschen. Er kam zu dem Schluß: Nein! So nicht mehr weiter! Es »reute ihn, daß er die Menschen gemacht hatte auf Erden, und es bekümmerte ihn in seinem Herzen, und er sprach: Ich will die Menschen vertilgen von der Erde« (Genesis 6). Zureichende Gründe für ein Ende mit Schrecken hatte und hat der, der die Macht hat, dies Ende herbeizuführen, die Fülle: »Da der Herr sah, daß der Menschen Bosheit groß war auf Erden und alles Dichten und Trachten ihres Herzens nur böse immerdar ...« Das sind die Erwägungen und Eindrücke, zu denen wir Anlaß geben, gaben und wohl auch künftig geben werden. Hat der Mensch, indem er *so* Mensch ist, dem Schöpfer nicht das Konzept verdorben? Hat, nicht die Güte, aber gerade die Bosheit des Menschen Gott nicht die Macht genommen?

Gott macht seinen Frieden mit den Menschen auf der Erde – er macht sich unabhängig von der menschlichen Befindlichkeit. Die Bosheit der Menschen ist – so geht Gottes Geschichte weiter! – Anlaß für die Erneuerung der Macht Gottes. Man höre nur die Begründung, mit der Gott seinen neuen Bund mit der Erde schließt, den mit dem Regenbogen besiegelten, in den Worten aus Genesis 8! »Ich will hinfort nicht mehr die Erde verfluchen um des Menschen willen; denn das Dichten des menschlichen Herzens ist böse von Jugend auf.« Obwohl, trotzdem, dennoch – Gottes himmlisches Regiment macht sich unabhängig von Vergeltung, unabhängig von Feindschaft, unabhängig von den Maßstäben, die Menschen gegenseitig über sich zerbrechen. »Solange die Erde steht, soll nicht aufhören Saat und Ernte, Frost und Hitze, Sommer und Winter, Tag und Nacht« – der Bund mit Noah, die Erneuerung des Schöpfungssinnes. So spricht Jesus in der Bergrede von der Vollkommenheit des Vaters. Von der leben wir, nicht von unserer Erneuerung, Besserung, Bekehrung, sondern von der Macht Gottes, der sich von unseren Maß- und Unmaßstäben nicht abhängig macht, vielmehr befreit hat.

Darum: In den Himmeln: Gottes Macht! – Auf der Erde: Gottes Frieden! Das Wort aus der Bergrede: Man stelle sich einmal vor, wie es aussehen würde, wenn es in unserer, in Menschenhand läge, über wem die Sonne belebend und wärmend aufgeht oder *nicht* aufgeht, über wem es wohltätig und fruchtbar regnet und über wem *nicht;* wenn wir die Macht hätten, die Macht des Himmels, um sie zu verteilen! Jesus legt ja das Gebot der Feindesliebe aus, unmittelbar vorher! Wir können uns das sehr gut vorstellen, wie da sortiert wird, ausgeschlossen, zugeteilt, zurückgenommen, wo wir die Verteilungsmacht haben.

Im Wesentlichen, im Entscheidenden macht Gott sich von diesen Maßstäben frei. Feindesliebe – das ist die »Vollkommenheit des Vaters«, der sich die Maßstäbe *seines* Handelns nicht aus der Hand nehmen läßt – wie bei der Vergeltung: Da diktiert ja der andere, dem vergolten, dem heimgezahlt wird, das Gesetz des Handelns. Da pflanzt sich die Feindschaft fort wie Unkraut, ungepflegt und ungewollt, weil in purer Abhängigkeit. Feindesliebe lebt von der Macht! Nur die Macht der Freiheit, die himmlische Unabhängigkeit, kann sich dem Feind zuwenden, ohne dem Zugriff der Feindschaft zu erliegen. In den Himmeln: Gottes Macht! – Auf der Erde: Gottes Frieden!

Man sagt, mit der Bergpredigt kann man die Welt nicht regieren. Sicher, wenn das *unsere* Rede wäre! Von Gott her gilt: *Nur* mit der Bergpredigt kann die Welt regiert werden! Sonst, wenn uns geschähe, wie wir es verdient haben, wenn sich auswirkte, was wir in Gang zu bringen suchen, wenn die Saat aufgeht, die wir säen – die Welt wäre schlechthin unregierbar. *Nur,* wo der Zirkel durchbrochen ist, wo die Macht sich unabhängig von uns macht, erhalten wir das Leben, das wir uns selbst nicht geben können.

Die himmlische Perspektive – die befreiende Perspektive! Wieso? Ist Unabhängigkeit dasselbe wie Unbetroffenheit? Der Himmel fern, die Erde unbedeutend? So sieht es »von unten« aus, wenn man »nach oben« schaut, der gestirnte Himmel, überall gleich nah und gleich fern und überhaupt nur nachts zu betrachten.

Der Gott, der vom Himmel her regiert, läßt sich durch den verkünden, der hier, auf Erden geboren und getötet wurde. Das Ja Gottes zu dem Nein der Menschen! Das ist die Erneuerung der Macht Gottes, unabhängig vom Urteil der Menschen: Der, dessen Worte und Taten von Menschen verneint wurden, wird von Gott bejaht – die Geschichte des Jesus, der darum als Christus bekannt wird.

Auf der Erde: Gottes Frieden!

Frieden allen, die er liebt!

Die Übertragung engt das Gesichtsfeld ein. Es macht das Wort »Frieden« zu einem bedrängenden Wort. Es öffnet die Augen. Der Blick fällt auf uns selbst. Angezeigt wird der unheilvolle Gegensatz zwischen unserer Macht und unserem Unfrieden. Das Licht der himmlischen Aufklärung! In diesem Lichte haben wir uns nichts mehr gegenseitig vorzuwerfen. Weihnachten ist die Geschichte von der großen, befreienden Toleranz Gottes.

Die Autoren

Heinrich Albertz (geboren 1915) ist Pfarrer im Ruhestand in Berlin. Während des Dritten Reiches gehörte er zur Bekennenden Kirche, nach 1945 arbeitete er als Flüchtlingspastor in Celle und war von 1948 bis 1955 Minister in Niedersachsen, von 1961 bis 1966 war er Innen-Senator, dann 1966/67 Regierender Bürgermeister in Berlin (West). Von 1969 bis zu seiner Pensionierung gehörte er wieder dem kirchlichen Dienst an.

Reiner Bohley (geboren 1941) arbeitet als Pfarrer in Magdeburg. Zuvor war er Rektor des Kirchlichen Proseminars Naumburg. Er ist Mitglied der Kirchenleitung sowie der Synode der Provinz Sachsen.

Ingeborg Drewitz (1923–1986) verfaßte Dramen, Romane, Erzählungen und Hörspiele mit zeitkritischen Themen, unter anderem über die Jahre des Nationalsozialismus und die Frau in der Gesellschaft. Sie war Gründungsmitglied des Verbandes deutscher Schriftsteller und gehörte zu dessen Vorstand. Seit 1964 war sie Präsidiumsmitglied des deutschen PEN-Zentrums.

Iring Fetscher (geboren 1922) studierte Philosophie, Germanistik und Geschichte, promovierte 1950 und habilitierte sich 1959. Er ist seit 1963 Ordentlicher Professor für Politikwissenschaften in Frankfurt am Main. Gastprofessuren führten ihn nach Tel Aviv, Nimwegen und New York.

Heinz Flügel (geboren 1907) studierte Philosophie in Berlin und Kiel. Er arbeitete zunächst als Verlagsdirektor, ab 1932 als freier Schriftsteller und ab 1946 als Redakteur an der Zeitschrift ›Hochland‹. Seit 1950 ist er Studienleiter an der Evangelischen Akademie Tutzing. Er veröffentlichte Lyrik, Erzählungen, Essays, Stücke und Hörspiele.

Walter Helmut Fritz (geboren 1929) lebt als Schriftsteller in Karlsruhe. Er verfaßte Lyrik, Erzählungen und Gedichte. Neben mehreren Literaturpreisen war er Stipendiat in der Villa Massimo. Er ist Mitglied der Bayerischen Akademie der Schönen Künste, der Deutschen Akademie für Sprache und Dichtung und des PEN-Zentrums der Bundesrepublik.

Martin Gregor-Dellin (1926–1988) war Lektor, Kritiker und Rundfunkredakteur, seit 1967 freier Schriftsteller in München. Für sein erzählerisches Werk hat er mehrere Preise erhalten. Von 1982 bis 1988 war er Präsident des PEN-Zentrums der Bundesrepublik.

Norbert Greinacher (geboren 1931) studierte Theologie in Freiburg und Paris. Er promovierte 1956 an der Universität Freiburg. Von 1956 bis 1958 war er Kaplan in Baden-Baden, von 1958 bis 1963 Leiter des Pastorialsoziologischen Institutes in Essen und von 1963 bis 1964 Pfarrer in Badenweiler. Nach zweijähriger Assistentenzeit habilitierte er sich 1966 an der Universität Wien. Von 1966 bis 1969 lehrte er als Dozent an der Pädagogischen Hochschule Reutlingen und an der Universität Münster. Seit 1969 ist er Professor für Praktische Theologie an der Universität Tübingen.

Hartmut von Hentig (geboren 1925) ist seit 1963 Professor für Pädagogik in Göttingen, seit 1968 in Bielefeld. In zahlreichen Veröffentlichungen leistete er einen wesentlichen Beitrag zur Didaktik und zur Schulreform. Er entwickelte ein neues Modell des Oberstufen-Kollegs und gründete die sogenannte Bielefelder »Laborschule«.

Hans Norbert Janowski (geboren 1938) studierte Theologie und Sozialwissenschaften in Bonn, Göttingen, Tübingen und Heidelberg. Er ist Pfarrer der Evangelischen Landeskirche in Baden, Chefredakteur der ›Evangelischen Kommentare. Monatsschrift zum Zeitgeschehen in Kirche und Gesellschaft‹, Stuttgart, und Lehrbeauftragter am Kommunikationswissenschaftlichen Lehrstuhl der Universität Hochheim. Er veröffentlichte zahlreiche Buch- und Zeitschriftenbeiträge zu Theologie, Kirchenpolitik, Medientheorie und -praxis.

Walter Jens (geboren 1923) ist klassischer Philologe und Schriftsteller. Er war Mitglied der Gruppe 47 und von 1965 bis 1988 Professor für Allgemeine Rhetorik in Tübingen. Seit 1989 ist er Präsident der Berliner Akademie der Künste. Er veröffentlichte Romane, Essays, Literatur- und Fernsehkritiken.

Günter Kunert (geboren 1929) studierte an der Hochschule für angewandte Kunst in Berlin-Weißensee (DDR). Seit 1950 veröffentlichte er Gedichte, Prosatexte und Reiseberichte, die sich der Förderung durch Bert Brecht erfreuten. Im Zusammenhang mit der Ausbürgerung Wolf Biermanns verließ er 1979 die DDR und lebt seitdem in der Bundesrepublik.

Kurt Marti (geboren 1921) lebt als reformierter Pfarrer und Schriftsteller in Bern. Er verfaßte Romane, Erzählungen und Essays und Gedichte in Berner Umgangssprache. Er erhielt u.a. den Johann-Peter-Hebel-Preis des Landes Baden-Württemberg (1972) und den Buchpreis des Deutschen Verbandes Evangelischer Büchereien (1982).

Trutz Rendtorff (geboren 1931) studierte evangelische Theologie und er promovierte und habilitierte sich an der Universität Münster, wo er bis 1968 an der Evangelisch-Theologischen Fakultät der Universität tätig war. Seitdem ist er Professor für Systematische Theologie an der Universität München. Seit 1981 ist er Präsident der Ernst-Troeltsch-Gesellschaft und seit 1985 Mitglied der Synode der EKD.

Kurt Scharf (geboren 1902) war 1966 bis 1972 Bischof der Evangelischen Kirche in Berlin-Brandenburg, obwohl ihm der Zutritt nach Ost-Berlin und in die DDR verwehrt war. Danach war er bis 1977 Bischof der Regionalsynode West der Evangelischen Kirche Berlin-Brandenburg. 1961 bis 1967 war er auch Vorsitzender des Rates der EKD.

Luise Schottroff (geboren 1934) studierte evangelische Theologie, promovierte 1960 in Göttingen und habilitierte sich 1969 in Mainz, wo sie bis 1971 als Privatdozentin, und von 1971 bis 1986 als Professorin für Neues Testament an der Evangelisch-Theologischen Fakultät der Universität tätig war. Seit 1986 lehrt sie an der Gesamthochschule in Kassel.

Dorthee Sölle (geboren 1929) studierte Philosophie, Germanistik und Theologie. Seit 1975 ist sie Professorin für Systematische Theologie am Union Theological Seminary in New York. Sie ist außerdem Verfasserin von Essays und Gedichten, in denen sie für eine Theologie der strikten »Nachfolge Christi« im Gegensatz zu einem bloß ideologischen Christentum eintritt.

Fulbert Steffensky (geboren 1933) ist als Professor für Religionspädagogik im Fachbereich Erziehungswissenschaft der Universität Hamburg tätig. Er ist verheiratet mit Dorothee Sölle.

Martin Uhle-Wettler (geboren 1931) studierte evangelische Theologie in Halle an der Saale. Er war von 1959 bis 1970 Gemeindepfarrer in Aken/Elbe, von 1970 bis 1979 Studentenpfarrer in Magdeburg und daran anschließend bis 1986 Studiendirektor am Predigerseminar in Brandenburg. Seitdem ist er Gemeindepfarrer in Berlin-Wilhelmshagen (DDR).